SEÑOR MAESTRO

Enric V. Alepuz Llopis

Finalista del II Premio de Novela Ciudad de Lebrija

Aliarediciones

Corrección: Inés González Calo
Diseño de cubierta: Aliar Ediciones
Maquetación: Aliar Ediciones

Depósito Legal: GR 1138-2024
ISBN: 978-84-10374-51-5

Impreso en España

Edita
ALIAR Ediciones
www.aliarediciones.es
info@aliarediciones.es

SEÑOR MAESTRO

Enric V. Alepuz Llopis

A los que vivieron el hambre de los años cuarenta y aún siguen besando el pan cuando se les cae al suelo.

A los que se enfrentaron al franquismo, con armas o sin ellas.

A los que buscan a sus seres queridos enterrados en las cunetas.

A los habitantes del altiplano de Granada, reivindicando un ruralismo cada vez más vital y necesario.

A los que tomaron el Sevillano, el Malagueño, el *Granaíno*, el Botejara, el Shanghái y el Catalán, los trenes de la esperanza de los emigrantes de los años cincuenta que dejaron sus pueblos por conseguir tres comidas al día.

A los docentes, no hace falta que diga por qué.

Para evitar malentendidos y confusiones a los lectores aclaro que las situaciones que se retratan en esta novela son fruto de la ficción. Cualquier similitud con personas reales o hechos verídicos es mera coincidencia. Solamente son veraces alguno de los topónimos y el marco histórico en el que se ubica el relato: los albores del franquismo, donde he procurado ajustar la ficción para que la trama, además de amena, sea sostenible.

Introducción

Caviloso anda por la vereda que lleva al cementerio. El sol ha iniciado su escalada cotidiana y las sombras de los muros y de los cipreses se muestran alargadas a los ojos del caminante. Piensa Miguel Checa Arnau que terminará pronto, que será poca cosa, lo que tarde en hacer un hoyo de poca monta y un par de reflexiones. Quizá añada un padrenuestro, pese a que el finado nunca fue creyente. Sin embargo, el acérrimo anticlerical confeso, ahora difunto, bien soportó las andanadas de oraciones y cruces en el pecho cuando Josefina Robles, la santera de Almuñécar conocida como Doña Pepa, le curaba la culebrilla con nueve briznas de esparto, «San Juan y San Pedro / de Roma salieron / en busca del culebrón / y la culebrilla. / *¿Con qué la mataremos? / Con nueve espartos* / de La Fuente Viva / cortándole el rabo / y la cabecilla», un herpes que le afeaba la cara y le impedía sonreír, y le dolía lo que no está escrito a la hora de comer. Y hasta al hablar cuando daba clase a sus siete alumnos en el poyo de la puerta de Los Junquillos.

Por San Cayetano era cuando Josefina y su marido subían a Gor en el tren Expreso a visitar a los familiares de Las Juntas y disfrutar de las fiestas patronales. En la estación los esperaba su primo Rufino con un par de mulas para subirlos a la aldea. Mientras allí estaban alojados, una semana corta, los lugareños aprovechaban la ocasión para aliviar sus dolencias, aquellas que la medicina convencional no alcanzaba a dar con la solución. «Rufino, dame vez para con Doña Pepa», le decían a su primo; «Detrás de la Emilia, la del Mariano, vas, recuérdalo». Herpes, manchas feas, empachos, filtros amorosos, artimañas para fingir en la noche de bodas la virginidad perdida (fortuita o conscientemente), remedios laxantes, astringentes y aperitivos, brebajes para limpiar la sangre y bajar la tensión, cataplasmas, infusiones, decocciones, julepes y tinturas de toda índole, eran sus especialidades. «Doña Pepa, ¿y esta verruga tan fea?», «Trae, a ver». Macháquese una hoja de col y añádase un chorreón de aceite de oliva; luego, aplíquese el emplasto directamente sobre la verruga, así de sencillo. «¿Qué se debe?», le preguntaban. «Nada —les contestaba—, pero si me das un par de huevos, cenamos». Memorable fue la curación de Zequielillo, el zagal de la Gaudencia Torres, cuando con una de sus pócimas le atajó de golpe unas fuertes cagaleras que el médico, con toda su ciencia, no supo sanar. «Creía que se le escapaba la vida por el culo, al *probecito,* ¿qué se debe?». «Nada, pero si me das media tripa de morcilla, cenamos». Así de humilde, en especias, era la tarifa de Doña Pepa, la misma persona que le auguró un futuro próspero a Miguelito Checa por haber nacido con el cordón umbilical rodeándole el cuello, estrangulándolo como quien dice, que no acabó en tragedia gracias a los reflejos de Higinia Cuetos, la partera de Gor. «Dame otra pinza como esta, ¡venga, rápido, rápido!», azuzando a la joven asistenta que aprendía el oficio de traer niños al mundo. Morada tenía la cara la criatura cuando fijó dos pinzas de tender ropa, desinfectadas con alcohol, en dos puntos del cordón umbilical, a cuatro dedos de distancia la una de la otra, y ¡zas!, cortó por el punto medio. Al instante, el amasijo de carne que le atenazaba el cuello se aflojó y pudo desenmarañarse.

—Los que nacen con el collar puesto —explicó Higinia a la concurrencia— son más listos que los ratones *coloraos*, de mayor será lo que quiera ser —predijo—. Cambiando de tema, ¿pusisteis la imagen de San Ramón antes del parto?

—Sí —respondió Eulogio.

—¿Cabeza abajo, como está mandado?

—Sí.

Sonreía Eulogio al recordar que cada vez que pasaba por delante de la estampa y veía al santo puesto del revés le daba la vuelta. «Pobre hombre —decía—, qué mal lo estará pasando». Luego pasaba la parturienta y lo volvía a poner cabeza abajo. «¡Pero bueno! ¿Quién le ha dado la vuelta?». Posteriormente, volvía a pasar Eulogio y lo ponía derecho. «¡La leche! Otra vez haciendo el pino». Y así sucesivamente hasta que nuera y suegro coincidieron delante del santo.

—¿Con la vela?

—Con la vela.

—¿Y la oración correspondiente?

—¡Anda la osa! *Quilla,* ¿le rezaste?

La cara de pasmo que puso la madre valió como contestación más que cualquier palabra.

—Todo aclarado. Tantas vueltas le disteis al santo, y encima sin rezarle —concluyó—, que el hombre se hizo un lío y el crío nació liado. Mira, para el próximo, si es que lo hay, aquí tienes la oración. Que alguien de los aquí presentes la apunte, que luego se olvidan las cosas y... Venga: «A vos, oh, glorioso protector, acudo para que bendigáis al hijo que llevo en mi seno. Protegedme a mí y al hijo de mis entrañas ahora y durante el parto que se aproxima. Os prometo...».

Mientras la santera hacía las sanaciones, Filiberto, su marido, bajaba al páramo a arrancar espartos para curar la culebrina a quien menester hiciere.

La santera de Almuñécar no tuvo una vida fácil, hay que decirlo, por eso mismo empatizaba tan bien con la gente del altiplano. Murió su padre súbitamente a los tres años de edad dejando en el mundo una viuda joven sin recursos con una prole de cinco niños, donde el menor era un bebé de veintiún días. Para poder subsistir, con buen criterio su madre removió cielo y tierra para que tres de ellos, al menos, ingresaran en un centro benéfico de Granada, a régimen interno, con todo lo que eso conlleva: cambiar de medio, de estilo de vida, y alejarse del resto de la familia y de los amigos; hasta los catorce años. Recuerdo amargo de su infancia era el de una niña de tez pálida de cuatro años corriendo por los pasillos del internado, llorando a moco tendido, buscando un resquicio para escapar de una cárcel sin barrotes que no aceptaba. Más adelante, en Almuñécar conocería a la persona que le habló del poder de las plantas y cómo usarlas terapéuticamente, derivando su vida rumbo a la sanación alternativa, enfrentada a la medicina convencional, pero en muchos casos (allá donde la mente vence al cuerpo) más efectiva.

Seguro está de no encontrar a nadie; el pueblo es pequeño y el día, laborable (aunque la total certeza aún no se ha inventado).

—¡Hombre, Miguel! ¿Adónde vas con tanta bulla —le preguntó Ponce Martínez, el talabartero, cuando hace un rato se cruzó en su camino ya casi a la salida del pueblo, poco antes de llegar al cementerio—, tan de buena mañana?

—A echar un *rebezo*,[1] obligaciones que tiene uno —le contestó, señalando con el pulgar la herramienta que le colgaba del hombro, al mismo tiempo que esbozaba media sonrisa tratando de ser convincente—. ¿Qué te crees que solo trabajas tú, o qué? —Y continuó la andada notando en la nuca el cosquilleo de la mirada inquisitiva de Ponce Martínez.

«Un buen hombre, el Ponce, un artista del cuero», piensa Miguel. Y le viene el recuerdo de cuando el talabartero llegó a Los Junquillos con un cabezal nuevo para el mulo, pues el que llevaba se caía a trozos de puro viejo. Él era entonces un niño espabilado y curioso y Ponce un joven ya a las puertas de la madurez. El abuelo, la piel seca cocinada a fuego lento por el sol del altiplano, oscura y dura como los cueros del talabartero, con expresión satisfecha le pagó el servicio. Lo estipulado: una ristra de chorizo picante de la última matanza (hasta entonces escondida en un falso suelo para evitar ser requisada por los funcionarios de la Fiscalía de Tasas) y un par de docenas de huevos pagaderas en dos semanas. Antes trueque que plata, era la consigna. «No te olvides de engrasarlo de vez en cuando. Grasa de caballo. Una vez al año por lo menos, ¿me entiendes? Y no escatimes. Para que no le pase lo que a ese —dijo Ponce Martínez señalando, con sonrisa irónica, el viejo cabezal—. Así durará más que la jácena de tu cortijo».

El talabartero, «¿A dónde coño irá este, a estas horas?», lo vio alejarse tomando la última calleja del pueblo, la que enlaza con el camino zigzagueante que sube al cementerio. Miguel, «¿De dónde sale este, tan temprano?», se lamentó de haber encontrado gente a su paso, podría haber intuido sus intenciones, pues caminos al camposanto solo hay uno.

Un legón en la mano y un envoltorio de hule no muy grande en el bolsillo; con rapidez recorre los últimos metros y

1. Trabajar un rato.

se planta delante del portón. Está abierto, el lugar nunca se cierra, para qué tenerlo atrancado, quién es tan vil como para robar a los muertos. En el muro de la derecha, como testimonio (o advertencia) intactos están los impactos del fusilamiento colectivo de noviembre del cuarenta y uno. Él era un niño, pero aún se acuerda. Sí, porque mataron a Ezequiel, el cortijero de El Corral Alto, el padre de su amigo Zequielillo, una buena persona, tan inocente como pobre, tan pobre como buena gente, que cometió *el crimen* de pertenecer durante dos meses a la CNT. Y eso no se perdona, dijeron sus asesinos después de escupir al cadáver. Como consecuencia, Zequielillo y su madre tuvieron que marcharse del cortijo, y con ello, de la vida de Miguelito.

Empuja Miguel con cuidado el portón del cementerio para evitar escandaleras. Aun así, chirría con estrépito, como gruñendo de protesta por haber roto el silencio en un lugar de descanso, espantando a una familia de gorriones que reposaba solapada en la frondosidad segura de las ramas de un ciprés.

Se gira para comprobar. «Nadie, Ponce Martínez se habrá quedado en la talabartería con sus pensamientos y sus cueros».

Avanza con seguridad sorteando los resaltos de las tumbas, bien sabe adónde va, qué mejor sitio que la sepultura donde descansa el abuelo. Los dos, Ezequiel y Eulogio, asesinados a poco tiempo el uno del otro, de distinta forma, por distintas manos; pero detrás de sus muertes la misma mente perversa incapaz de empatizar, de comprender, de perdonar, la de un personaje siniestro tocado con gorra de plato y delirios de grandeza.

Se detiene delante de una cruz tallada toscamente con una inscripción hecha a punta de navaja: «EULOGIO CHECA VALVERDE 1876-1947 DEP».

En la cresta del caballón hace un hoyo. Un palmo de profundidad. «Suficiente», piensa, el fardillo de hule no es tan grande.

Deposita con cuidado, casi con veneración, el envoltijo. En el fondo.

Pero lo saca al momento, no ve suficiente profundidad.

Y vuelve a dar unas legonadas más, que resuenan como tiros de naranjero en el silencio del campo sagrado. «Ahora sí», murmura en voz alta.

Entierra el fardillo en el agujero y golpea varias veces con la hoja del legón el terreno para asentarlo y dar por concluida la misión.

Se gira para comprobar que nadie haya visto nada.

Al cabo, se queda absorto en sus pensamientos mirando como hipnotizado la señal de tierra húmeda que ha quedado marcada en lo alto del caballón.

En un par de horas el sol de diciembre, débil, aunque persistente, borrará cualquier vestigio.

Capítulo 1

1956. ESTACIÓN DE GUADIX

Se baja las mangas de la camisa y se frota las manos para entrar en calor, luego mira el reloj. Casi es la hora, pero la impuntualidad del Catalán es de sobra conocida. «El Catalán tiene dos pegas, no sabes cuándo sales y no sabes cuándo llegas», le dijo Gaudencia Torres, la madre de su amigo Ezequiel, cuando supo que iba a emprender viaje a Barcelona.

Mira el joven a su madre y esta le devuelve una mirada de resignación.

—Paciencia, está al caer.

Miguel Checa asiente con la cabeza. Media vuelta y andando, a patear de nuevo el andén, a observar el entorno que ya empieza a tomar forma con las primeras luces de la mañana. Las moreras van dejando atrás su aspecto borroso y el gato vagabundo, de todos y de nadie, que tomó como suyo el universo de la estación, va perdiendo paulatinamente el color pardo para recuperar sus rayas anaranjadas. Arriba, en la falda del cerro, la barriada de cuevas todavía mantiene encendidas las luces de las farolas transmitiendo al espacio una falsa sensación de belén navideño. Belén seglar. De algunas chimeneas sale humo.

Hay más gente en la estación, una familia cargada de bultos y maletas y un señor bien vestido con su recién estrenada madurez expuesta en las sienes plateadas. Su equipaje, el justo.

Al dar la media vuelta enfoca la vista en la chimenea alta y robusta de ladrillo colorado de la azucarera de San Torcuato que empieza a revelar su presencia, y los trágicos sucesos de la muerte de su padre le acuden a la mente sin que pueda impedirlo. Un espeluzno que no deriva del fresco de la mañana le recorre la espalda.

Dos años tenía Miguel cuando una noche de mayo de 1940 de una patada abrieron la puerta de la casa y se llevaron a su padre. Cuatro falangistas. Lo recuerda muy vagamente, los detalles importantes se los contaría su madre años después.

—¡Armando Checa González!

—Yo, ¿qué quieren?

Uniformados, rojos de ira, hedían a vino. El alcohol y las armas les infundían el arrojo necesario.

—¡Date preso en nombre del Caudillo de España!

Se lo llevaron.

Se lo llevaron al campo de concentración de la azucarera de San Torcuato, a la entrada de Guadix, muy cerca de la estación de tren. Después de vender la maquinaria se quedaron las instalaciones vacías y las naves de la factoría se convirtieron en la mejor prisión para la gente de ideología contraria al sistema, que no aceptaba abnegar de sus ideales y doblegarse ante un régimen que atentaba contra las libertades y los derechos civiles. Nada más entrar en la nave principal, justo al lado de la puerta estaba ubicado el tribunal permanente que decidía quién debería ser ejecutado por «rebelión a la causa», siguiendo el protocolo de una justicia carente de fundamentos jurídicos y de sensibilidad humana. Allí mismo fue, en un sumario juicio, donde se enteró de que lo acusaban del asesinato del alcalde de un pueblo de La Alpujarra almeriense. El batallón 903 de la división 32 del ejército del nuevo régimen era por entonces el encargado de la vigilancia y control de los prisioneros.

Los días que Armando Checa pasó en la azucarera estuvieron marcados por el estruendo de los fusiles, los gritos de los verdugos y los alaridos de dolor de los presos al ser torturados, bajo la vigilancia exhaustiva de los guardias.

A veces, utilizando expresiones como «Arriba España» y «Viva Franco», para confundir a los censores encargados de revisar las cartas, se comunicaba con Manuela Arnau, su mujer, para que le mandara con carácter de urgencia un aval político firmado por cualquier adepto al Régimen de cierta relevancia en la comarca. Manuela, entre los resquicios de los mimbres de la cesta donde le llevaba cada día la comida, porque la de la cárcel era poca y mala, introducía canutillos de papel con mensajes de optimismo: «Sé fuerte, Armando», «No pierdas la esperanza», «Pronto se solucionará todo, mi amor», «La verdad se abrirá paso», «Miguelito ya camina y habla como los loros, es muy espabilado», «El alcalde del pueblo cree en tu inocencia», «Dentro del bocadillo tienes una carta, no te la comas», «Verás, prenda mía, cómo todo se aclara»... Palabras de aliento en una situación donde se le comunicaron dos sentencias: una de prisión perpetua por luchar «encarnizadamente» contra el glorioso ejército nacional y otra de muerte por asesinato con premeditación, nocturnidad y alevosía. Armando Checa fue llamado a filas ya mayor para el combate, a los treinta y dos años, en la leva popularmente conocida como la Quinta del Saco porque todos los de su reemplazo, dado el apremio con que se les requirió, metían en un saco sus objetos personales a la hora de partir hacia el cuartel. Ya en el frente, estuvo todo el tiempo en la retaguardia, como todos los de su quinta, y no disparó ni un solo tiro. De ahí que no entendía lo de «encarnizadamente» que figuraba en el laudo.

En cuanto al cargo de asesinato, el que le costó la sentencia a muerte, nadie de su entorno daba crédito a la acusación, pues conocían su carácter bonachón y solidario para con los necesitados, que no eran pocos en aquella España destrozada. Pensaban que sería un error, un malentendido, una confusión. Los más suspicaces, una artimaña de un vecino rapaz para hacerse con el cortijo cuando saliera a pública subasta, que era lo que solía acontecer con las propiedades de los ajusticiados en los casos de pena de muerte. Sin lugar a duda, ese vecino desconocía que Los Junquillos era de su padre, Eulogio Checa Pardo, y el cortijo se quedó, por consiguiente, en la familia.

Cada dos o tres días lo llevaban a la sala de interrogatorios, que parecía más un matadero que un lugar de investigación.

—¿Mataste al alcalde?

Lo colgaron cabeza abajo de una barra del techo colocada exprofeso y cada vez que negaba la acusación lo aporreaban con un vergajo de toro, aleatoriamente por todo el cuerpo.

—No... sé... de qué... me habla... us...

Cuando perdía el conocimiento lo rociaban con agua fría, a presión, aplicada desde corta distancia con una manguera, y vuelta a empezar.

—Explica cómo lo hiciste y paramos. Así de fácil.

Al segundo desvanecimiento lo bajaron para sentarlo en una silla, delante del oficial encargado de llevar el interrogatorio.

—No... no... sé nada... No conozco a... a ese señor.

Y continuaban golpeándolo tras cada negativa.

—Mira —paternal, con voz suave; escondiendo la ruindad tras una pátina de benevolencia—, si firmas este informe, el Sr. Juez lo tendrá en cuenta. Y lo que es mejor, te dejaremos tranquilo hasta el día del juicio, que no creo que tarde mucho, tenemos ganas de ventilar este asunto.

—Si firmo... estaré aceptando que maté a ese hombre... Y yo no soy un asesino.

—¿Qué, mi teniente, otro repaso? —Un subalterno, esperando órdenes para seguir actuando.

—Déjalo, Aparicio, este no canta ni cociéndole los huevos con las corrientes.

Un día, al recoger la cesta observó Manuela que uno de los mensajes aún estaba entre los mimbres. Tiró del canutillo para leer su contenido y, ante su sorpresa, vio que era una carta de su marido escrita en papel de fumar, con letra pequeña y apretada, pero reconocible.

> «Querida Manoli, esto va muy rápido, si no te das prisa en buscar avales cualquier día vendrás y ya estaré muerto. Si así fuera, tienes que saber que te quiero mucho. Dile al niño que su padre no era un asesino, que nunca dude de mi honradez. Adiós. Este, que os quiere, Armando Checa».

Fue como predijo. Una mañana fría (fría en todos los sentidos), cuando Manuela fue con el cesto a llevarle la comida y los mensajes de ánimo camuflados entre la urdimbre, en la misma fila se enteró de que lo habían fusilado. «Anoche se lo llevaron a San Antón, con otros dos —le dijeron, porque las noticias volaban en ese ámbito—, y en un muro de la ermita se los cargaron. Lo siento, Manoli, chica, te acompaño en el sentimiento. Y *p'alante,* piensa en tu hijo. Y ya sabes, en Cenascuras me tienes, bien cerca te pilla. Lo que necesites, oye».

Un camión militar, dos reos maniatados sentados juntos, sus caras pálidas. Cuatro soldados, un sargento y un teniente: el pelotón de ejecución. Un silencio denso únicamente roto por el ruido del motor de un camión. Un trayecto que para unos se hace corto y para otros interminable. Pasos vacilantes que llegan hasta el muro de la ermita, ahora con desafortunada categoría de paredón. «Pelotóóón... ¡Apunten...! ¡Fuego...!». Y el tiro de gracia del oficial, así se hacían estas cosas.

En la fila de las visitas, antes de entrar en la prisión, muchas caras conocidas, húmedas sus miradas, le dieron el pésame, pensando que algún día podrían estar en su misma situación.

Le negaron el cuerpo de su esposo cuando lo reclamó al director de la prisión. Le dijeron que era tarde, que ya estaba enterrado en una fosa común cerca de lugar santo.

—¿Y dónde está ese lugar santo?

—No es cosa suya.

—¡¿Cómo que no?! Si no es mía, ¿de quién es entonces?

—Señora, no grite. Más vale que se largue si no quiere tener problemas.

Por supuesto que se fue, apretando los labios de rabia para no hablar.

Tres años después descubrieron que el autor del crimen fue otra persona que tenía su mismo nombre y apellidos, un vecino de Padules, Almería. Fatal coincidencia. Y grave negligencia del juez instructor del caso. Y como retractación, en señal de desagravio el Estado le devolvió el cuerpo de Armando para que le diera cristiana sepultura en el lugar que ella quisiera, corriendo la administración con todos los gastos. ¿Qué pasó con el verdadero asesino? No llegó a juicio, un allegado al difunto, de identidad desconocida, se tomó la justicia por su mano. Así eran las cosas recién terminada la guerra.

—Madre, que ya viene.

Segundos antes de hablar, Miguel se había aproximado a las vías oteando el horizonte.

Manuela se acerca a su hijo y le coge las manos. Por las miradas furtivas que dirige a la azucarera sabe que está pensando lo mismo que ella.

Por eso le da dos besos, húmedos, cálidos, sordos.

—Cuídate, ¿me oyes? Tu prima Laia me ha dicho que irá a recogerte a la estación. Llama por teléfono cuando estés en casa del tito Andreu. A la centralita del pueblo, ya sabes. Ya iré yo a recoger el recado. Solo con que me digas que llegaste bien será suficiente.

—Así lo haré, madre. —Mirando de reojo al tren que acaba de parar en la vía número dos, andén principal—. Venga, no llore, que no voy a la guerra.

—Un abrazo, hijo.

Cuando se desatan del abrazo, Miguel Checa sube al tren.

—Vuelve pronto —le dice mientras lo despide con la mano—. Tan pronto puedas, ¿vale?

—Vale.

Capítulo 2

EL CATALÁN

Casi dos horas hace que salió de Granada y ya va medio lleno, el Catalán, el tren de los emigrantes que se desplazan a Cataluña huyendo de la miseria en busca de un futuro mejor.

A trompicones con la maleta, Miguel revisa los compartimentos, busca un sitio, a poder ser junto a la ventanilla. Acciona el tirador de la puerta corrediza de uno de los camarotes y descubre al personaje bien vestido que vio en la sala de espera de la estación de Guadix. Justo enfrente hay un sitio vacío, no se lo piensa y lo ocupa. Hay cuatro personas más: un matrimonio joven con su bebé y un hombre de aspecto cansado, de edad indefinida. Parece un trabajador. Por la indumentaria, quizá un ferroviario, los que conoce suelen vestir de esa guisa. Le suena su cara vagamente, cree que lo ha visto antes.

En los entresijos de la locomotora, el fogonero tiene la caldera a punto. Comprueba la presión: cinco atmósferas. Mira al maquinista (llevan juntos muchos kilómetros y se entienden con gestos y miradas), todo bien, hay agua y carbón de sobra para llegar a Baza, por lo menos, esperan a que el jefe de estación dé la orden y el Catalán se pone en marcha, lento, artrósico, entre gemidos de hierro, le sobran años o le falta tecnología.

El viajero, a través del grueso cristal de la ventanilla de la puerta fija la mirada en su madre hasta que su forma no es más que una mancha gris bajo la marquesina de la estación de Guadix. Cuando pasa por la azucarera de San Torcuato aparta la vista, como si le quemara la imagen como cuando se mira al sol.

Por fin se atreve a mirar Miguel por la ventanilla y ve empequeñecerse la azucarera de San Torcuato, paulatinamente, hasta desaparecer totalmente de su vista.

Pero no de su mente, esto tardará un rato largo.

Continúa observando, es curioso por naturaleza y nunca cogió tren alguno, los desplazamientos largos siempre los hacía en autobús, y los cortos a lomo de mulo, o en coche particular; como cuando marcharon del cortijo para establecerse en Guadix, que los llevó el señorito del Corral Alto en un alarde de generosidad. «Tu carácter curioso creará tu destino —le dijo un día su maestro, junto a la alberca, en una de sus clases peripatéticas—. Sin inquietudes no hay novedades, sin novedades no hay reflexiones, y sin reflexiones no hay sabiduría». La curiosidad, esa es la fuerza motriz que arrastra a Miguel a la observación.

El compartimento tiene cuatro asientos de escay azul capaces de acoger, si se tercia, dos plazas cada uno, y encima de la puerta, una pequeña litera solo accesible para cuerpos jóvenes y ágiles (y menudos) que puedan trepar hasta ella. En las paredes de madera del camarote, arriba de los asientos, hay cuatro fotografías enmarcadas de lugares de España, en blanco y negro. El Palmeral de Elche es la que tiene Miguel a su espalda; enfrente, el Patio de los Leones. Encima de las fotografías, como a tres palmos del techo, se ubican los estantes, pequeños e insuficientes, para dejar los equipajes.

Con disimulo escudriña al personaje que tiene sentado enfrente. Treinta y pocos, le echa. Pelo ensortijado castaño claro, al contraluz parece rubio, grises las patillas, bien parecido; traje gris marengo, seminuevo, con finas rayas negras espaciadas; camisa blanca sin gemelos en los puños; pajarita azul marino con estampado en pálido casi blanco, de cachemira, un tanto ajada por el uso persistente; zapatos negros, gastados, aunque bien lustrados con betún, de lejos se ven nuevos. De cerca no parece que vaya tan bien vestido.

Al sentirse examinado, el personaje sonríe mostrando sus dientes blancos y le dirige la palabra:

—Alonso Cepeda Pedrosa, maestro nacional. —Le tiende la diestra, con firmeza, que Miguel acepta, un tanto azorado.

—Miguel, Miguel Checa Arnau, maestro nacional, somos colegas, por lo que veo.

—¡Vaya, qué casualidad! ¿No es usted muy joven para ser maestro?

—Dieciocho años, recién cumplidos. Ya ve.

La juventud de Miguel para desempeñar su cargo no es un caso excepcional, los planes educativos del Ministerio de Educación Nacional contemplan que a los cinco años el niño se incorpore a la escuela en calidad de párvulo; después vendrán los estudios primarios; y a los diez, la prueba de ingreso si quiere ir al instituto, un examen muy temido por los estudiantes porque puede truncar sus expectativas; seguidamente, cuatro años de bachiller y se accede a la Escuela Normal. Tres cursos de carrera, y si todo va bien, a los diecisiete años se pueden terminar los estudios de Magisterio.

—Yo empecé algo más tarde, a los veinte. Su primer destino, supongo.

—Sí, Barcelona; en una escuela del barrio de La Ribera. Dicen que es muy grande. L'Escola Baixeras, no sé si la conoce usted.

Es una estrategia de la administración de Franco que a los maestros jóvenes se les destine lejos de sus lugares de origen para evitar el fomento del nacionalismo, «tan fácil de inculcar en el espíritu infantil». Por eso nadie del entorno familiar de Miguel se extrañó de la lejanía de su primer destino.

—No conozco la zona. Pero sí la problemática de las escuelas catalanas, en general.

Miguel muestra interés en su gesto.

—El lenguaje —explica Alonso Cepeda—, allí todo el mundo se empeña en hablar catalán.

—*Per a mi no és cap problema, parlo Català una mica.*

—¿Perdón...? —Cara de desconcierto, no esperaba escuchar estas palabras.

—Pues que a mí, eso no me supone ningún problema, chapurreo un poco el Catalán, mi abuelo materno era de Sabadell y le hablaba en su lengua a mi madre. Y ella, a veces, a mí. Y ya ve usted, algo se me ha quedado.

—Pues no sabe usted lo importante que es eso, en cuatro días podrá ganarse a la clase.

—Lo tendré en cuenta. Tengo familia en Barcelona, ¿sabe? Mi tito Andreu, el hermano de mi madre, y mi prima Laia.

—Los Arnau de su apellido, supongo. —Se queda un momento pensativo y reemprende el diálogo—. Me extraña un poco, ¿sabe?, que lo hayan destinado a Barcelona.

—¿Por?

—Es un destino muy codiciado. Codiciado y cotizado —puntualiza, con tono enfático.

—Será porque fui el número dos de mi oposición.

—¡Coño!

Sonríe Miguel ante la espontánea expresión de sorpresa.

Advierte Alonso que su joven contertulio parece estar más interesado en el paisaje que en la conversación. Toma conciencia de que su verbo, ni puede ni debe competir con las vistas que Miguel observa, atento, por la ventanilla, por lo que resuelve cortar el diálogo. «Mejor será mantener la boca cerrada», piensa. Sonríe y mira a otra parte.

Se afloja el cinturón Miguel y el nudo de la pajarita, y desvía la mirada hacia el otro lado del vidriado, los baldíos y los campos tantas veces vistos, contemplados desde la perspectiva del tren le parecen distintos. Ya habrá tiempo para hablar con su colega, el viaje es largo y da para mucho.

Capítulo 3

EL DIARIO

Atisba el viajero por la ventanilla y la vista se detiene en un viejo almendro. Instintivamente mira al cielo. Neto, diáfano, sin nubes. Muy distinto de aquel otro que le acude ahora mismo a la mente, cuando las cabañuelas de agosto, con el mercurio disparado y el cielo revuelto con gruesos algodones albos que de vez en cuando reventaban en otros más pequeños con idénticas tonalidades. Cuando tendido a la sombra del viejo almendro que creció arrimado a la alberca aprovechando la humedad, el más grande de la finca, y el más longevo, con las manos cruzadas detrás de la cabeza, jugaba en solitario a identificar las formas de las nubes. Caprichosas, volubles, pasajeras, efímeras, subjetivas, castillos en el aire para construir luego castillos en el suelo, historias de soldados, de piratas, de dragones, de princesas encantadas, de ogros feroces y brujas de pócima, desdentadas, con escoba y verruga en la nariz. «Esa parece el sombrero de mi madre, con su ala ancha, su copa redondeada. Aquella, un camello. Y la de más acá, el ave Fénix que dice Don Heriberto. Sí, y su culo blanco cagando esos vencejos que...».

Hernán Valle.

Observa Miguel el pueblo y sus aledaños. Los campos amarillos de los sembrados (los cereales ya fueron cosechados tiempo atrás y una gran parte de la producción derivada a las arcas del Estado por los diligentes funcionarios del Servicio Nacional del Trigo); los pegotes verde bosque de las carrascas insertados como parches en medio de los labrantíos; los montes de la sierra de Gor y las colinas atochadas con matas de esparto, los lunares amarillo cetrinos de la piel del páramo del interior de Granada; los ejidos, ahora inactivos, sin mieses que aventar, cerca de los pueblos, en las zonas más altas, más aireadas. Dura, terca, la tierra no se deja extraer fácilmente su bien más preciado, y el campesino, a golpe de sudor y arado tendrá que cuartearla si quiere recoger una cosecha; cuando menos, razonable. No es fácil ser labrador en el altiplano.

Una cuadrilla de jornaleros, advierte, faena recogiendo la almendra más temprana. Varean los labriegos las ramas de los árboles obligándoles a soltar el fruto sobre unas telas extendidas dispuestas a su alrededor.

Bien conoce Miguel estos andurriales, es su paisaje, aquí pasó la infancia, en Los Junquillos, desde que nació hasta los diez años, cuando tuvo que ir a Guadix por razón de estudios; su hermana Jenarita ya estaba casada. A Don Heriberto Sánchez de la O, su maestro, viendo su capacidad intelectual y su facilidad para los estudios, se le ocurrió presentarlo por libre a la prueba de ingreso en el instituto de Guadix. «El niño vale, Manoli —tres años de roce diario habían roto las distancias y el tratamiento de usted—, es una lástima que tanto talento se desperdicie. Sé que es un sacrificio muy grande para ti, pero de tu decisión depende su futuro. Hazme caso, vende el cortijo y cómprate algo en Guadix. Una cueva, por ejemplo, las hay muy baratas. Allí hay trabajo a porrillo. El niño puede hacer carrera. Y tú lo sabes». Manuela le hizo caso. Un año más tarde, obligada por las circunstancias vendió el cortijo con sus recuerdos dentro y compró una cueva en la Plaza de la Ermita Nueva, donde el padre Poveda en otros tiempos realizó su gran obra social. Y se puso a trabajar en una carnicería, pues matar aves y despiezar cerdos y corderos eran tareas fáciles para ella, lo venía haciendo desde niña. Y matriculó a su hijo en el Instituto Elemental de Segunda Enseñanza Pedro Antonio de Alarcón de Guadix, entidad educativa con quince años de historia, desde que el ministro de Instrucción Pública Fernando de los Ríos en 1932 dio su autorización y el obispo Medina Olmos la cesión del Seminario Menor para tal menester.

El compartimento se ha quedado en silencio. El bebé duerme sereno y el resto de los pasajeros permanecen sumergidos en sus pensamientos, solo se oye el traqueteo del tren y el chirrido de los raíles al tomar curvas cerradas. La calma invita al sueño.

Pero Miguel no está por dormir. Bien abiertos los ojos, permanece enfrascado en el paisaje. Los pueblos, los campos, los eriales, los caminos, los cortijos, quiere llevar esa estampa en su equipaje, empaparse de tierra, de cielo, de colores. Abre la ventanilla para respirar el olor del campo y un grato zarpazo de aire fresco le golpea la cara. El estruendo del baqueteo de metal contra metal despierta al niño que tan plácidamente dormía en el regazo de su madre. La vuelve a cerrar, rápidamente. «Perdón», se disculpa, mirando a la madre de la criatura. Y se queda de pie, observando, pronto llegarán a Gor y no quiere perderse nada. Nada, porque pasarán cerca de Los Junquillos, lo que fue su hogar, su universo, durante los primeros años de su vida.

El pasajero de mirada lánguida y cara conocida se levanta, va a bajar. «¡*Cucha*[2], el Perrete! ¡Qué cambiazo, *la vin*[3]!». Miguel, por fin, le ha puesto nombre a la cara conocida: es Juan Perrete, el guardabarrera del paso a nivel del Puente Chico. Perrete y su mujer, Juana Valderromero, la guardesa, se encargan de custodiar, en turnos ininterrumpidos de ocho horas, el paso a nivel que está justo después de la estación de Gor, además de vigilar que la barrera esté subida o bajada a su debido tiempo, y que no haya objetos extraños en las inmediaciones de la vía, en las zonas de más tránsito. Miguel deduce, por su aspecto demacrado, que el hombre ha tenido que desplazarse a Granada por cuestiones de salud, y decide prescindir de protocolos sociales que podrían ponerlo en una situación incómoda. Lo saluda con una leve inclinación de cabeza y media sonrisa forzada. El guardabarrera ve el gesto cortés, pero no se lo devuelve; vacío de equipaje, con las dos manos acciona el tirador de la puerta corrediza. Y sale al pasillo. Aún permanecerá su imagen macilenta algunos minutos en la mente de Miguel, que recuerda cómo era el personaje hace siete años, un hombre fuerte y risueño, feliz con su trabajo y con su vida.

Pasada la estación de Baza, el paisaje pierde interés y Miguel cae vencido por el tedio. La cabeza se niega a trabajar y los ojos le pesan demasiado como para mantener una conversación coherente y fluida con Alonso.

De improviso, se acuerda de que su madre le proporcionó el mejor antídoto contra el aburrimiento.

---

2. Expresión de sorpresa, caramba.

3. Expresión típicamente goreña; al parecer, apócope de «¡La Virgen!».

—Toma —sonriéndole—, para que te entretengas luego. —De una bolsilla de algodón había sacado un pequeño cuaderno con tapas color tabaco, de cartoné y lomo de tela azul oscuro, con una cinta amarillo paja atada en lazo—. Seguro que ya no te acuerdas de él. Cuando te cansaste de escribir lo guardé en la mesita. —Sin perder en ningún momento la sonrisa.

—¡Madre mía! Creí que lo había perdido.

Contento y sorprendido, con mucho cuidado, como si un objeto de fina porcelana china fuera, con las dos manos coge Miguel el diario que empezó a escribir a los siete años y dejó de hacerlo a los diez, cuando se fue a Guadix. Siempre pensó que se había quedado en el cortijo, como tantos otros enseres, abandonado a su suerte. Lo había dado por perdido y nunca se le ocurrió preguntarle a su madre por su paradero.

—Guárdalo con cuidado en la maleta, que no se desencole.

—Gracias —dijo, hojeando algunas páginas—, creía que se quedó en Los Junquillos.

—Venga, guárdatelo ya, no sea que venga el tren y...

Separando las piernas para tener más base y con cuidado para no perder el equilibrio, Miguel baja la maleta que tiene encima del asiento, en el portaequipajes. La abre y retira el saquillo de algodón que contiene el diario. Ya sentado, extrae el cuaderno y lo mira, pensativo, centrando su atención en el título que en su tiempo rotuló a plumilla con letra gótica. Lo huele, a ojo cerrado. Aún cree percibir el acre olor de la tinta que don Heriberto él mismo fabricaba. Los olores, dice la gente, los buenos y los malos, perduran más que ningún recuerdo, se quedan enganchados en las estrías del corazón, atrapados.

Encima de un tazón viejo con melladuras en algunos cantos, con un cuchillo afilado sacaba polvillo negro de un tizón de la lumbre, añadía una pizca de ceniza, ¿cuánta?, quizá un cuarto del polvillo (cuántas veces se arrepintió de no apuntar la receta), puede que menos. Después de mezclar ambos ingredientes los tamizaba zarandeando con cuidado en un cedazo de apretada urdimbre, le añadía agua al cernido, poco a poco, para evitar salpicaduras y no pasarse con la cantidad, y media cucharada de vinagre para fijar la tinta al papel ya una vez seca. Con un pincel fabricado con las crines del mulo, removía con cuidado hasta deshacer los grumos y dejar la pasta sedosa. De cuando en cuando, «si falta siempre podrás poner, si sobra nunca podrás quitar», con una plumilla probaba el mejunje en un papel aparte y añadía, según su criterio, alguno de los ingredientes. «Y ahora —decía al final del proceso—, el secreto mejor guardado del cocinero, unas gotas de aceite para que fluya y brille la tinta. Pero poco, sin pasarse, el aceite mancha y podría engrasar el papel y verse las letras por el reverso». Y volvía a remover la pasta cremosa para ligar bien sus elementos. El resultado: una pésima tinta con fuerte olor a carbón y vinagre. Pero no había otra cosa. Para don Heriberto, la mejor tinta del mundo.

Desata la cinta y se centra en la primera página. Su mala calidad y el tiempo, observa, han hecho deleble la tinta y unos trazos gris-azulados, suaves, deslavazados, ocupan las páginas que ya han empezado a amarillear. Solo, como un milagro de la física, los colores de una ilustración se acercan a su estado original.

Y lee.

Da comienzo, así pues, otro recorrido que no necesitará tren, sino el único vehículo de su diario, ligero, infantil, imperfecto y mágico: un viaje hacia su interior:

Los Junquillos de Cenascuras, 6 de abril de 1945.

Querido diario, a ti te cuento, a ti que me escuchas.

Esta mañana Don Heriberto me insinuó que podría escribir un diario sobre las cosas que me pasan. Pero no todas, sería muy aburrido, solo las más importantes, como lo que ha pasado a mediodía, que mi madre ha hecho papas fritas para comer, lo que más me gusta en la vida, y que mañana repetirá la comida porque el señor Nicasio Huerta, el de Las Arenas, le ha cambiado medio saco de papas por una gallina ponedora.

Bueno, para ser el primer día he escrito muncho, ¿vale?

Sonríe el lector, autor y protagonista del texto, con ojos húmedos, que seca con el dorso de la mano. Cierra el cuaderno levantando la barbilla, a ojo cerrado, como buscando en su interior a aquel niño de siete años. Y lo encuentra. Lo ve sentado en una desvencijada silla de enea junto a una mesa. La misma que servía para cenar. Su madre y su abuelo, hablando junto a la lumbre. Quizá de él, de sus progresos en la escritura. Quizá de ese medio saco de patatas caído del cielo, (con la mitad podrían conseguir un litro de aceite, pues las patatas no se fríen con agua) y algún quilo de legumbres y puedan darle de comer decentemente al maestro.

Don Heriberto Sánchez de la O, maestro nacional depurado por la administración de Franco, como otros veinte mil más en España, perdió su empleo al ser delatado por sus propios compañeros que lo tacharon de ferviente y peligroso republicano. Luego, según la normativa depuradora, el alcalde, el cura párroco, el jefe de la Guardia Civil y un padre de familia bien considerado, y por supuesto, adepto al nuevo régimen, redactaron sendos informes aconsejando su inmediata depuración. Alto, enjuto y seco como raspa de arenque, ¿edad?, puede que cincuenta, quizá menos, arribó una tarde a Los Junquillos. «Buenas, que ha llegado a mis oídos que tienen un niño de seis años muy espabilado que requiere servicios pedagógicos. Si ustedes quisieran... yo podría hacerme cargo de su educación». Sombrero gris marengo de ala media con cinta marrón tirando a café rodeando la copa, traje viejo sin aberturas, polvoriento, con arrugas en la espaldilla, los bajos del pantalón recogidos con pinzas en aro ajustables —había dejado la bicicleta recostada en la pared de la casa y no se acordó de quitárselas—, el personaje esperó sin mover un músculo la decisión de la familia, sin parpadear siquiera, los brazos extendidos pegados al cuerpo. Había muchos como él pululando por la Andalucía profunda de la posguerra con parecida estampa descarnada, famélicos, con idéntica vocación misionera, a los que la gente del campo los llamaba *enseñaores* o, con un poco más de ironía, *perrilleros*, por el retribuyo que cobraban por cada clase dada, una perra gorda, o chica si la familia carecía de posibles. Algunos ni eso, solo cobijo y comida. Muchos no tenían titulación, simplemente que sabían leer y escribir algo más que el campesinado. Así estaban las cosas después de la guerra.

—Pues la verdad es que nos vendría muy bien, durante el día no puedo atenderlo —Manuela, la madre de la criatura— y por la noche estoy reventada. El campo y la casa, ya sabe usted. ¿Qué dice, abuelo?

—Bien —dijo el abuelo en su parco discurso.

—¿Y qué cobra usted?

—Poca cosa, una comida caliente, un potaje. O una perrilla al día. O la voluntad al mes, como quieran. También pueden pagarme en especias si les va mejor así. Aceite, harina, fruta, verduras... No hay problema.

Miguelito, al oír la palabra potaje bajó la cabeza para que no lo vieran sonreír, el hecho le había parecido divertido.

—La comida, peor o mejor, la tiene usted asegurada; en cuanto a la voluntad...

—Ya nos arreglaremos.

—Pues nada, ¿cuándo quiere empezar?

—Ahora mismo.

O la ética profesional de Don Heriberto era muy estricta o estaba muerto de hambre.

—¿Qué dices tú, Miguelito?

—Bien. —Parafraseando el discurso de su abuelo. La verdad sea dicha y siempre por delante, el chavea estaba aguantándose la risa a causa del potaje y de la imagen menesterosa del que en un futuro cercano sería un padre para él.

El maestro salió al exterior y de la alforja triangular de cuero que venía encajada en el cuadro de la bicicleta sacó el *ABC* de Ramón Sopena, tomó asiento al lado de su nuevo alumno, lo abrió por las dos primeras páginas y, con voz suave y dejes de mando le dijo:

—Lea aquí, haga el favor.

Miguelito tomó asiento a su lado e inclinó la cabeza a donde le indicaba el maestro.

—Ancla, aro, asno —leyó—. Baño, barco, buey. —Con seguridad, siguiendo el dedo índice largo y seco como un sarmiento de parra. Junto a este, en claro desacorde con su ajada indumentaria, el dedo corazón exhibía un sello de plata, reluciente, sencillo, con las letras de sus iniciales: la H con la S enroscada a ella como una serpiente.

Al lado de cada palabra estaba la imagen correspondiente. Así de sencillo era el método, las palabras eran introducidas en orden alfabético ascendente con un bonito dibujo de suaves colores, al pastel, lo suficientemente atractivo como para captar la atención del educando. Luego, después de la zeta, las palabras venían salteadas.

—Muy bien, Miguel. Y ahora aquí, haga usted el favor.

Miguelito estaba sorprendido por tres motivos, a saber: porque le hablaba de usted, porque le llamaba Miguel y porque se lo pedía por favor.

—Zancos, zapatos, zorro... —Era en la última página, la más difícil porque incorporaba todas las letras del abecedario.

—Lee usted muy bien.

—Gracias.

Y miró el maestro a la madre con admiración, como quien mira a un colega distinguido.

Miguelito se sentía muy bien, ancho y feliz, protagonista estelar indiscutible del momento. Y miró a su madre con satisfacción, transmitiéndole con la luz de sus ojos la alegría de su pecho.

—¿Y de cuentas...? —Dirigiéndose a la madre—. ¿Cómo anda de cuentas?

—Suma y resta perfectamente. Llevando. Incluso de cabeza.

—Las tablas, qué.

—Empecé hace poco, solo hasta la del cuatro.

—Ya es mucho. A ver, Miguel, conteste: ¿cuatro por siete?

—Veintiocho. —Rápido, seguro, sonriendo.

—Veintiocho y llevo dos, tiene que decir usted. De diez se lleva una; de veinte, dos; de treinta, tres, ¿comprende? —explicó el maestro, al atisbar trazas de extrañeza en su cara—. De ahora en adelante quiero que conteste así. No me pregunte porqué, ya lo comprenderá luego.

—Entonces... de cuarenta se llevan cuatro; de cincuenta, cinco; de sesenta, seis... ¿Es así?

—Así es. Venga, la última, a ver si lo ha cogido: ¿cuatro por nueve?

—Treinta y seis y llevo tres.

—Señora Manuela, este niño es un portento.

Capítulo 4

LOS JUNQUILLOS

Ahora, el diario es una colección de nostalgias, un álbum donde el pasajero, día a día, letra a letra, reunió de niño sus recuerdos. Un breviario en el que cada página tiene su voz, que puede leerse independientemente del resto, avanzando o retrocediendo en el tiempo, a su antojo.

Lo que va a hacer ahora mismo.

«Señora Manuela, este niño es un portento». Sonríe Miguel al recordar la sentencia del viejo maestro, en cierto modo profética, vio posible que sacara carrera. Don Potaje, empezó a llamarlo, como un juego caprichoso, hasta que se dio cuenta de la palmaria descortesía. Y cuando fue consciente ya era demasiado tarde, más gente (niños, principalmente) se sumó a su falta de respeto.

Apesadumbrado, retorciéndose las manos, le dijo Miguelito un día a su maestro, con voz titubeante:

—Don Heriberto, por mi culpa los niños le dicen don Potaje el *Enseñaor*.

—Ya lo sabía —rio. Su regocijo tranquilizó al niño—. A veces ocurre, los padres te ponen un nombre y la sociedad te impone otro. Pero no se sienta mal por eso, sin saberlo usted me ha hecho un favor.

—¡Pues vaya favor!

—Y grande. Porque allá donde voy siempre me dan potaje para comer. —Volvió a reír—. Y le confieso que es mi plato preferido. Muy completo. Tiene vitaminas, proteínas y mucha fibra. Y así aprovecho para explicarle, porque creerá usted que le estoy hablando en inglés o algo así.

—En chino.

—¡Ja, ja, ja...! Veo que tiene usted sentido del humor, pues sepa que eso es señal de inteligencia. Las vitaminas, le digo, son buenas para regular la salud; las proteínas, para reparar y construir los músculos, los huesos y la piel; y la fibra para excretar.

—¿*Escretar*?

—Excretar, con equis, pronuncie bien. Deponer, defecar, obrar... Cagar. —Al escuchar el verbo, Miguelito se tapó la boca con las dos manos para contener la risa, pero los ojos lo traicionaban—. Para que usted mejor me entienda. Son palabras sinónimas porque significan lo mismo. Y como significan lo mismo podemos elegir la más bonita. O la menos ofensiva. Y no se ría usted de la palabreja, defecar es una acción muy natural, pues forma parte de la función de nutrición de los seres vivos.

—Entonces... —Cambiando de tema, volviendo a los sinónimos—. ¿Flaco y delgado son palabras sinónimas?

—¡Equilicuá! ¿Con cuál de las dos se queda?

—*¿Equequé?*

—E-qui-li-cuá. Es un latinajo, una expresión del latín que significa exactamente. Pero conteste, ¿con cuál de las dos palabras se quedaría?

—Me gusta más delgado.

—Y a mí. Pues ya sabe, cuando vea un niño y la cosa venga el caso no le diga que está *sipao*[4], llámele delgado. O mejor aún, delgadito, un diminutivo. Los diminutivos suavizan el concepto. Ya hablaremos otro día de los diminutivos y los despectivos. Y del latín. Y de los romanos.

—¿Vale *delgaíllo*?

—Valdría.

La contemplación de un cortijo derruido cerca de la vía, antes de llegar a Vélez Rubio, desvía los recuerdos (activados desde que abrió la primera página del cuaderno) a los venturosos días en Los Junquillos, cuando aún vivía su abuelo y Jenarita era una mozuela de quince años que ya la rondaban los novios, jóvenes braceros, y algún que otro vecino de las fincas circundantes. Piensa Miguel que el cortijo está en ruinas porque murió de tristeza al ser abandonado por sus moradores. Y se apena porque el lugar donde vivió los primeros años de su vida lleva ese mismo camino, sus dueños se fueron a vivir a la ciudad, como Ezequiel y su madre.

Observa que también tiene una alberca para regar la huerta, como en Los Junquillos, y está mejor conservada que la casa. Sin duda el tiempo la trató mejor que al resto de las instalaciones.

Y es en este preciso instante cuando se ve a sí mismo corretear por los alrededores de la balsa persiguiendo ranas y cazando libélulas para atarles al cuerpo una brizna de hierba y soltarlas, y ver cómo se elevan con dificultad, a trompicones, como si estuvieran borrachas. Y reírse, feliz, satisfecho, libre. Y zambullirse en el agua. Y tenderse al sol observando las nubes, su pasatiempo favorito.

---

4. Muy delgado (peyorativo).

La alberca de Los Junquillos era un oasis en medio del páramo que se abastecía de un manantial cuyas aguas provenían de la sierra de Gor, con una exuberante vegetación de ribera, principalmente carrizos, eneas, verbenas, colas de caballo y matas dispersas de juncos como brochones verdes de afiladas puntas, por nombrar algunas de sus plantas. A sus paredes de piedra, al principio desnudas, el tiempo las fue vistiendo de culantrillos, parietarias, hiedras y madreselvas, en la proporción justa para hacer de la balsa el lugar más bello del paraje. Desaguaba el alberque a una acequia que según el abuelo del abuelo Eulogio la construyeron los moros de la morería. En la parte alta del reguero, como a dos metros de la balsa, en una zona acondicionada años ha por su marido, iba Manuela Arnau a lavar la ropa con jabón hecho por ella misma de aceite refrito, sosa y perrubia[5]. Muy cerca de la alberca, en medio de la frondosidad, entre una mimbrera y dos álamos blancos, el abuelo construyó una mecedera con dos cuerdas y una capacha de pleita para que su nieto ocupara los tiempos de ocio columpiándose, mirando el cielo, soñando con los ojos abiertos y el espíritu libre.

Elevadas sobre un basamento de sillería de medio metro de altura se asentaban las paredes de la casa. Eran de tapial, tierra arcillosa del propio entorno con mucho cascajo, porque la gravilla es el sostén de la pared, y agua. Todo compactado a golpe de pisón para rellenar un encofrado con capas de diez centímetros de altura, intercalando paja y crines de caballería para evitar fisuras al secarse el material. Dos troneras con pretensiones de ventana a la parte lateral, y un portón

5. La colofonia, perrubia (pez rubia), pez griega o pez de Castilla es un producto natural obtenido a partir de la resina de las coníferas que se emplea para elaborar productos de limpieza, abrillantadores y ceras.

de entrada de hoja doble, la parte inferior de la cual no lo suficientemente alta como para que don Heriberto pudiera entrar erguido, su porte natural. Y la hoja de la parte superior con la altura justa para albergar un ventanuco barrado permanentemente abierto durante el verano. En lo alto de la fachada, siguiendo la vertical del portón de entrada, Eulogio mandó construir una espadaña capaz de albergar una campana con la potencia suficiente como para transmitir mensajes a los cortijos aledaños y a los gañanes que se encontraran faenando cerca del lugar. Él mismo, *motu proprio*, diariamente la repicaba, al mediodía y a las seis de la tarde, para que los jornaleros de las inmediaciones no tuvieran que levantar la cabeza mirando al sol, pues pocos eran los que podían permitirse el lujo de ir a trabajar con el reloj puesto. Y si estaba ausente de casa por cuestión de trabajo, eran entonces Manuela o Miguelito los encargados de redoblar.

El suelo de la casa era de tierra prensada; el paso del tiempo, la humedad y las pisadas de sus residentes se encargarían de endurecerlo como el más sólido de los cementos. A la derecha, dos habitaciones, la del abuelo y la de la madre; a la izquierda, el fogón de la cocina, con su chimenea, tan necesaria; al fondo, otra puerta con acceso directo a la cuadra, por lo cual, el mulo tendría que pasar por en medio de la casa para llegar a sus aposentos. En las gélidas noches de invierno el abuelo solía dormir en la cuadra. Se tumbaba en uno de los poyos, a una altura que le permitiera esquivar las coces de la bestia. El olor a estiércol era potente, pero el calor del habitáculo justificaba las incomodidades.

Arriba de la casa, en el entresuelo, al que se accedía con la ayuda de una escalera de mano, rudimentaria, vieja, desigual, estaban las habitaciones de Miguelito y Jenarita. Solamente sus catres cabían, con sus somieres de cuerda y colchones de farfolla de mazorcas de maíz, escandalosamente ruidosas en los silencios de la noche, y una silla para dejar la ropa. Aún había sitio en un rincón para alojar la orza donde se guardaban los productos de la matanza. A veces, en las noches de invierno, cuando el viento bufaba rabioso al chocar contra las ramas de los árboles, Miguelito se dormía mecido por las voces susurrantes de su madre y de su abuelo comentando los incidentes del día, de vez en cuando solapadas por el hipnótico crepitar de la lumbre. Sentirlos próximos le daba seguridad y sosiego.

Los troncos de pino, seleccionados a la medida adecuada, eran los idóneos para soportar la techumbre, y la madera de enebro (en su defecto nogal), por su especial resistencia a la intemperie, era la más apropiada para construir los dinteles de puertas y ventanas. Y para la base de las tejas, nada mejor que la caña de río cortada en la menguante de enero, por su abundancia, resistencia y flexibilidad. Finalmente, se cerraba la cubierta con teja árabe. Detrás de la casa estaba la corraliza donde en libertad restringida correteaban las aves y los conejos; y junto a esta, la zahúrda con el cochino hablando solo, engordando en la penumbra, un chiribitil de cuatro metros cuadrados mal medidos con puerta de media hoja; y en uno de los laterales, un cobertizo que hacía las veces de pajar, y donde se guardaban los aperos y los correajes del mulo (esporádicamente, también fue la habitación de Don Heriberto). La madre, como principio educativo, prohibió al niño cualquier trato afectivo con el cochino, lo mismo para con los *gallinos*[6] y conejos. Nada de poner nombres, ni mimos, ni juegos, ni monsergas. Paparruchas de *neños*[7], que luego

6. Las aves del corral.

7. Niños. En este contexto, críos.

uno se encariña y no quiere comérselos. El mulo, los gatos, el perro y la cabra lechera quedaban excluidos del mandamiento materno. Si el día era apacible salían los *gallinos* del corral para que se alimentaran a su aire, y antes de entrar al ponedero, a la puesta del sol, Miguelito contaba los animales por si faltaba alguno, que siempre los había, de remolones y despistados que no atendían a las voces de su amo. Era su cometido. A la entrada del cortijo, el perro tenía su *charnaque*[8] para guarecerse del sol, del frío y del agua.

Recuerda el pasajero la bulla que se liaba en la matanza del cochino, cuando la Fiscalía de Tasas aún no había iniciado su etapa más represiva en la zona.

Venía gente de otros cortijos. Mujeres, hombres, niños, hasta un músico llegado de las cuevas que tocaba el acordeón y se le daba bien el cante. Faena, para todos había. Los hombres se encargaban de sacar al cerdo de su guarida, del sacrificio, del raspado, del despiece, y de darle a la manivela de la trituradora de carne. Y las mujeres de limpiar las tripas y los cacharros, embutir, cocer las morcillas y cocinar para todos. Mientras tanto, en la era, los niños jugaban con una pelota de trapo y las niñas saltaban a la comba cantando sus letanías. La noche era para los mayores. Mientras los niños dormían hacinados sobre esteras de pleita extenuados por el juego y la aportación extra de adrenalina, el resto del elenco cantaban y bailaban los ritmos de moda al son de los acordes del *tocaor*[9] de Las Cuevas del Ciego, a la luz de candiles de aceite y lámparas de carburo, después de bien comidos y bien bebidos.

Muy diferente fue, en cambio, la matanza del cochino en el año 1945, recuerda el pasajero. Y fugaz como un chispa-

8. Casa pequeña o en malas condiciones. En este contexto, caseta para perros.

9. Músico. En este contexto, acordeonista.

zo cae en cuenta que escribió algo al respecto en su diario. Y vuelve a él. Y lo hojea hasta encontrar el día. Pero antes de leer, huele las páginas amarillentas y cierra los ojos para hallar en su interior más recuerdos de la infancia, ahora que los tiene a flor de piel. Porque, como en las fichas de dominó, un recuerdo empuja a otro.

La era de Los Junquillos era la joya de la corona del cortijo, un espacio pretendidamente circular orientado al viento dominante con una extensión como de cinco veces la superficie de la casa, acordonado por una paredilla de piedras de un palmo de altura, quizá menos, y empedrado en su totalidad. Antes de trillar la parva se barría el suelo con escobones de retama, toscos, de fabricación propia, y se reponían, o recolocaban, las piedras, cada una en su sitio justo. El abuelo tenía dos trillos, uno de lascas de pedernal y otro de dientes de acero, y los utilizaba indistintamente según qué tipo de mies iban a emparvar. Hombre de austera corpulencia, Eulogio necesitaba la ayuda de su nieto para agregar más peso al trillo. De vez en cuando le daba las riendas al zagal para que condujera el mulo en su caminar cansino, acompasado, exento de peligro. Miguelito se sentía seguro arrebujado entre las piernas de su abuelo, sabía que era su bien más preciado y lo protegería de cualquier peligro que pudiere acaecer durante la trilla, que los había; una parada en seco de la acémila, por ejemplo, o un arreón nervioso, o un cambio súbito de dirección. En algún momento, cuando el trabajo lo permitía, Eulogio subía al zagal a lomos del animal, y Miguelito, ahorcajado, agarrado a sus crines daba vueltas a la era. Y el mulo, como si lo supiera aminoraba la marcha. «¿Te atreves tú *solico*?», le decía a su nieto, como parte de su educación agraria, cuando ya la faena de la trilla iba tocando a su fin. «¡Pues claro!», le contestaba, con decisión y entusiasmo. «Tira más afuera, más afuera. Arrímate». O bien, «Tira *pa'l* centro, *pa* aquel montoncillo». De cuando en cuando, Eulogio cogía un puñado de parva y con mirada experta lo examinaba: «Aún falta, una *mijitilla*[10] más y lo tenemos». Después de dar vueltas en la era, el abuelo elegía la posición más favorable, el viento siempre de lado, y con una vieja pala de madera de cedro ablentaba la parva para que el aire se llevara las briznas de paja y el grano cayese amontonado.

En Los Junquillos nunca cesaba la brega, mientras Eulogio se ocupaba del mulo y de las faenas del campo, Manuela y sus hijos atendían al resto de los animales y a las tareas domésticas, que no eran pocas. Y si el día amanecía soleado, los dos hermanos salían a buscar *tagarninas*[11] o *collejas*[12] por los alrededores.

—*Abu*, ¿adónde va?

—A sembrar almortas.

—¡Pero si hoy es domingo!

—Los animales y las plantas no entienden de calendarios.

Y en las noches de invierno cuando lo que sobra es tiempo, entre el crepúsculo y la cena pasaban el rato haciendo pleita con briznas de esparto del páramo, a la luz de los candiles.

---

10. Un poco.

11. Cardillos.

12. Planta también conocida como silena, hierba conejera, farolillo, sanjuanín o berzuela, de sabor parecido a las espinacas.

Capítulo 5

TRISTE MATANZA DEL CERDO, LA DEL 45'

Los Junquillos de Cenascuras, 10 de noviembre de 1945.

Querido diario, a ti te cuento, a ti que me escuchas siempre.

Este año la matanza del guarro ha sido muy diferente a la del año pasado. No ha venido gente a ayudar, tampoco niños a jugar. Ni el tocaor de las Cuevas del Ciego. Todo muy triste y muy precipitado. Entre los cuatro hemos sacado al guarro de la cochiquera, que chillaba como un demonio, y en un plis plas el abu le ha dado matarile y le ha vaciado los mondongos. Luego lo hemos enterrado para que no lo encuentren los hombres esos a los que el abu llama joíos fiscales, por si oyeron los gruñidos y les da por venir. Que con un día que esté bajo tierra no va a pasar nada, con tanto frío la carne no se estropea.

Mañana terminaremos la matanza y esconderemos las orzas y los jamones, así podremos comer buena chicha y utilizarla para el estraperlo, como hacemos con los conejos, los gallinos y los huevos.

Espero que al año que viene la matanza venga normal, que esta yo no la quiero ni en pintura.

Que alguien borre este año del calendario.

Sonríe Miguel Checa. Pero su sonrisa es amarga, el contenido de la página de su diario casa con los conocimientos que tiene sobre el tema. El Estado había diseñado una complicada trama de organismos para regular la producción y el consumo, creando, a principios de los cuarenta, la Fiscalía Superior de Tasas para vigilar y hacer cumplir las condiciones impuestas a un mercado regido bajo las leyes autárquicas de Franco. Los resultados económicos: terribles, pues cuando un gobierno interviene determinados productos ordenando su distribución y regulando los precios, surge el mercado negro y se incrementan los costes astronómicamente. En algunas zonas hasta diez veces subieron en comparación con los establecidos. Y mientras los pobres centraban sus objetivos en sobrevivir, los ricos se lucraban y disfrutaban de una vida plácida en un contexto de penurias. Así pues, morir de hambre entraba, desgraciadamente, dentro de lo probable.

Y requisarle el cerdo a una familia de labriegos siendo este su principal fuente de proteínas era lo más parecido a condenarla a morir.

Capítulo 6

DE JENARITA A JENARA

Los Junquillos de Cenascuras, 4 de enero de 1946.

Querido diario, a ti te cuento, a ti que me escuchas.

No se lo he dicho a nadie, esta tarde he visto en el cobertizo a mi hermana con Felipe el recovero, tumbados uno sobre el otro encima de la paja. Fue que, al pasar por delante de la puerta oí ruidos extraños. Pegué el oído a la hoja y escuché algo así como gruñidos humanos. Creyendo que alguien estaba en peligro entré como una bala y me di con el culo peludo en pompa del recovero, que se quedó como petrificado. No digas nada, dijo mi hermana, y me fui de estampida. Ni cerré la puerta, ya ves tú. Creo que estaban haciendo lo mismo que hacen los conejos y las conejas para tener gazapillos, lo que el abu dice darle al fuelle y luego mi madre le gruñe. ¡Como si yo estuviera pajuato[13]!

Si eso es así, veremos qué ocurre más adelante.

---

13. Pazguato, tonto.

Y ocurrió lo que tenía que ocurrir, *lex vitae*, que Jenarita, meses más tarde se convirtió en Jenara la recovera, madre del biznieto de don Eulogio Checa Pardo.

Por Los Junquillos pasaba mucha gente: hojalateros, lañadores, afiladores, paragüeros, esquiladores (que también cortaban el pelo a los cortijeros si se terciaba), hasta vendedores de periódico usado para forrar las lejas de la alacena, o para limpiarse el trasero después de las deposiciones. Una vez al año recibían la visita obligada del lanero colchonero que venía a *desapelmazar* la lana del colchón del abuelo, un espectáculo que Miguelito no quería perderse por la habilidad con que este hombre trabajaba. Sacaba al aire la lana, y con una vara delgada de fresno de metro y medio de larga le daba varapalos hasta que se esponjaba. Al cabo, después de más de una hora respirando polvo metía otra vez el material en su sitio y cosía la tela. Y el resultado: un colchón mullido y noches de sueño plácido para el abuelo. Esta variopinta gente traía a los cortijos noticias frescas, desbarataba la cotidianidad de los campesinos con chismes, cotilleos y chascarrillos.

Felipe Sánchez Camino, el recovero, iba a Los Junquillos una vez por semana a llevarse los huevos de los *gallinos*, pieles secas de conejo y algún que otro animal a cambio de dinero, cerillas y colorante alimentario. Si la mercadería era importante la intercambiaba por ropa, telas, trebejos y otros bártulos. Pero últimamente subía al cortijo más de lo habitual, estaba enamorado de la joven Jenarita, que se había convertido en una muchacha atractiva de mirada dulce y buena conocedora de las faenas domésticas. El recovero, seis años mayor que la joven, hombre con mucha tabla y de carácter lanzado, bien supo encandilarla. Y pasaban largo tiempo a la puerta del cortijo pelando la pava con amorosas pláticas. Cada vez más largas. Cada vez más picantes.

Cuando Miguelito sorprendió a los amantes en pleno acople en el montón de paja donde la noche anterior había dormido el maestro, entró corriendo a la casa para encerrarse en su habitación sin atender a las voces de su madre.

—¿Qué ha pasado?

El niño no contestó.

—¡Miguelito! Baja y cuéntame.

Ante el silencio del crío, la mujer insistió.

—¡Como suba te vas a enterar!

No le hizo falta subir a Manuela, ni a Miguelito bajar para contarle su descubrimiento. Cuando vio a su hija entrar, cara arrebolada, cabizbaja, pajas de centeno enganchadas en el pelo, leyó la situación y adivinó lo que había pasado en el cobertizo.

El recovero, rezagado en el zaguán de la puerta, al quite, por si fuera menester intervenir a favor de su amante. Hasta que Manoli, con la mirada dura y los dientes apretados lo «invitó» a salir del cortijo, los asuntos de la familia los trata la familia. Y punto.

No tardó mucho el abuelo en llegar a casa. Y se sumó a la reunión. Después de un intercambio de palabras duras, voces altas y sollozos, ante el asombro de Miguelito que se estaba enterando de todo lo que había que enterarse, se tomó la decisión de que la pareja se tendría que casar sí o sí o también, con cura o sin cura, con banquete o sin banquete, para no mancillar el honor de la familia que tanto cuesta de mantener íntegro.

Hubo cura y hubo banquete.

Capítulo 7

LA BODA DE JENARA LA RECOVERA

«¿Dónde estamos?», se pregunta Miguel, la estación parece importante pero el pueblo es pequeño. Mucha estación para tan poco pueblo, no se corresponden la una con el otro. Atisba por la ventana y observa que están parados en Zurgena. Nunca había oído hablar de ese pueblo, reconoce.

—¿Usted gusta?

Sorprende al pasajero, absorto en sus pensares, la invitación del hombre que tiene a su derecha ofreciéndole una bota de vino. Abultada, húmeda, bruñida por el uso de centenares de manos durante centenares de días.

—Muchas gracias. —Miguel, sonriendo, aceptando el detalle.

Nada le apetece un trago, así a palo seco, pero no va a hacerle un feo al hombre. Aprovechando que el tren está quieto empina la bota un tiempo moderado, el suficiente para no quedar de manera indebida, pues mal si poco y peor si mucho.

Se limpia los labios con el dorso de la mano antes de hablar:

—Buen vino, ¿de dónde es?

—Vino del país, cosecha propia —responde, orgulloso—. Eche otro, venga —lo anima.

—Gracias, quizá más tarde.

—Si alguien gusta...

Ofrece el hombre el pellejo al resto de los ocupantes. Y empieza a circular de mano en mano y a desatar las lenguas hasta ahora calladas.

El detalle del hombre de la bota ha sido el toque de rancho y comienzan a aflorar, de las bolsas y de los petates, fiambreras llenas de comida y bocadillos liados con papel de periódico que se prepararon en casa con antelación. Si ustedes gustan y buen provecho serán las palabras más repetidas en el compartimento. Un olor denso, potente, resultado de la mezcolanza de los efluvios del conejo con tomate, tortilla de patatas con cebolla y un toque de ajo, queso emborrado, sardinas en escabeche, y el vino de la bota que no para quieta un momento y ha empezado a enflaquecer, inunda el compartimento hasta lo insoportable. «Luego bajaré el cristal de la ventanilla con cualquier pretexto —piensa Miguel—, esto se está convirtiendo en una sauna finlandesa».

Llega a la conclusión el pasajero, visto lo visto, que, pese a la carestía del momento, donde el hambre es el factor común en una España a la que le suenan las tripas, en el Expreso se comparte todo, incluso los miedos, las ilusiones y la esperanza de una vida mejor. También la mugre de los asientos, la atmósfera irrespirable y el calor.

No hay tufo más cargante que el batiburrillo de olores en un espacio reducido, aun cuando sean de diferente procedencia todos huelen parecidamente mal. De ahí que el *mezclote* trae al pasajero recuerdos del banquete de la boda de su hermana, cuando se juntaron en la mesa de la cocina, sin ningún criterio, un montón de alimentos cocinados aportados desinteresadamente por los invitados de los cortijos vecinos. Puchero de hinojos, migas con chorizo, jaleo[14], gachas de almorta, orzas de la matanza y andrajos[15]; y un hornillo de carbón y otro de *pretolio* para calentar los platos. Se encargó la cortijera de El Barroso de la vajilla y cubertería, «del *vidriao*[16] yo me ocupo, tengo de sobra, de las juergas que se traen los señoritos cuando vienen sus amigotes». El aporte de los habitantes de Los Junquillos, aparte de la bebida, fueron unas magníficas naranjas mandarinas cultivadas en el huerto del cortijo. «¡Ni las bodas de Camacho!», dijo en un momento del ágape don Heriberto, también invitado a la fiesta, ocasión que aprovechó para hacer pedagogía explicándole a su alumno uno de los pasajes del Quijote, y por extensión la obra de Cervantes. Gustábanle al maestro las lecciones ocasionales por su carga motivadora.

—Atrápeme una libélula, Miguel, —Don Heriberto, preparando una lección fortuita en un paseo, cerca de la alberca—, si es usted capaz.

Y tanto que era capaz.

—¿Le va bien esta? —Miguelito, con el insecto apresado con un ramo de matamosquera[17], hierba especialmente diseñada por el diablo para atrapar a sus caballitos debido a los tallos largos y las hojas extremadamente pegajosas.

---

14. Guiso del altiplano consistente en patatas con chorizo ligado el caldo con harina diluida.

15. Plato granadino parecido al gazpacho manchego que consiste en un guiso de tortas de harina con un sofrito de tomate, cebolla, ajo, pimiento rojo y conejo.

16. Vajilla, principalmente de loza.

17. También llamada olivarda, es una planta herbácea de base leñosa de más de un metro de altura, de follaje denso y viscoso.

—Esta misma. Obsérvela detenidamente y contésteme a las preguntas. ¿Cómo son sus alas?

—*¡La vin!* ¡Son como transparentes! Nunca me había dado cuenta.

—Porque nunca las ha observado con criterio científico. Y no hable así, tan... ordinario. ¿Cuántas patas tiene?

—Una, dos... Tres a un lado y tres al otro, seis.

—Evidentemente, seis; como todos los insectos. La mosca, la abeja, la mariposa..., todos tienen seis patas. Y como no tienen huesos también reciben el nombre de invertebrados. Y ahora le pregunto a usted, ¿la araña es un invertebrado?

—Sí.

—¿Es un insecto?

—Pues claro.

—Pues no.

—Pues por qué no.

—Pues porque tiene ocho patas.

—Entonces, si no es un insecto, ¿cómo se llama?

—Arácnido. Otro día hablaremos de ellos.

Asintió encantado Miguelito de conocer otro nombre raro.

—Sigamos. Ahora observe la cabeza. ¿Qué ve de extraño?

—¡Es rara y enorme!

—Sepa usted que la mayor parte de ella son ojos. Tiene tres, se llaman ocelos, apréndase la palabreja, o-ce-los, y pueden detectar cualquier movimiento con celeridad, venga de donde venga, esto le permite reaccionar en una fracción de segundo volando de arriba abajo, de delante a atrás y de izquierda a derecha. Y viceversa. Por eso son tan difíciles de atrapar. Excepto para usted, que por lo que veo eso se le da francamente bien.

Sonrió el alumno satisfecho de la lisonja del maestro sin entender la ironía que escondían sus palabras.

Luego vino la pregunta que sorprendió a don Heriberto, y cuya contestación Miguelito siempre recordará, porque estas cosas no se olvidan, son las que dejan marca.

—Maestro, ¿y para qué sirve saber eso de los ocelos?

—Pues... querido... alumno... —Serio, con voz grave, separando las palabras para resaltar la importancia de la explicación que a renglón seguido iba a exponerle—, todo conocimiento, por pequeño que sea, es importante, porque el saber le hará libre. Sé que esto ahora no lo entiende, pero tiempo tendrá de comprenderlo, y de comprobarlo en usted mismo o en persona ajena. Ahora, en esta etapa de la vida que usted atraviesa, su misión es escuchar a las personas que saben más que usted y obedecerlas. Porque si no sabe obedecer nunca sabrá mandar, y si no sabe mandar siempre tendrá que obedecer. ¿Queda entendido?

—Sí, señor. —Con un hilo de voz, la cabeza gacha y las mejillas arreboladas.

Terminada la francachela arrancó por pasodobles el *tocaor* de Las Cuevas del Ciego, que, enterado del evento, se había acercado al cortijo a intercambiar música por pitanza. Después de los pasodobles, como cierre, vinieron los fandangos, con las voces fortuitas afinadas por el vino y el jolgorio de algunos invitados.

Pero antes del cierre hubo un hecho que fastidió la fiesta.

Habíase arrancado por verdiales un cortijero de voz agraciada, a capela, acompañándose con golpes rítmicos de palma, puño y nudillos sobre el tablero de la mesa liberado de platos, botellas y cubertería, cuando, como un nubarrón negro que toma el cielo azul y lo deja nublo, irrumpieron en la fiesta el alguacil del pueblo y un desconocido que se presentó a la concurrencia como un funcionario de la Fiscalía de Tasas.

—¿Felipe Sánchez Camino? —preguntó el forastero. El alguacil, callado a su lado, con cara de circunstancias.

—Yo mismo, ¿qué se le ofrece? —El novio, más temeroso que indignado.

—¿No sabe usted que el intercambio de productos, y aún más su venta, está prohibido por la ley? Tendrá que acompañarnos.

Todavía disparó otra perla el funcionario, antes de irse con el recovero, arrestado:

—¿De dónde ha salido tanta comida, se puede saber?

Respondiole Eulogio como organizador de la fiesta, rojo de ira, escupiendo las palabras:

—La amistad hace milagros. Seguro que no entiende eso porque no creo que tenga usted *munchos* amigos. Cada invitado ha traído su propia comida, *asine* de sencillo.

Pasó, pues, el recovero su primera noche de luna de miel en el calabozo de las dependencias de la guardia civil de Guadix, negando los hechos por activa y por pasiva, y dado que no se pudo probar nada, lo soltaron la tarde del día siguiente con las señales del interrogatorio marcadas en la cara.

Lee el viajero una página de su diario que alude estos hechos:

Los Junquillos de Cenascuras, 24 de febrero de 1946.

Querido diario, a ti te cuento, a ti que me escuchas.

Hoy se ha casado la Jenarita a las ocho de la mañana en la iglesia de Gor con Felipe el recovero, que ahora es mi cuñado. Después, como el día salió soleado, delante de casa se ha celebrado un banquete, al que don Heriberto llamó nupcial, o algo así.

He comido muncho, pero me he divertido poco porque no nos han dejado jugar en la era, las madres decían que íbamos muy apañaos[18] *y nos podríamos ensuciar la ropa. Y a mí eso del baile, pues que no me va. Eso es para los mayores, que le dieron al pitraque*[19] *hasta que se cansaron, y cuando pillan un celiperio*[20] *les da por cantar y bailar.*

También te digo que han venido los titos Andreu y Roser de Barcelona, y la prima Laia que tiene la misma edad que yo.

Al final vino el alguacil con un tío raro y nos jodieron la fiesta.

---

18. En este contexto, ir bien vestido y limpio.

19. Vino. Por extensión, bebidas alcohólicas.

20. Borrachera.

Capítulo 8

EL DETENIDO

Acaban de apearse. Cuatro personas son, dos hombres y una mujer. De forma inconsciente, a cristal bajado observa el pasajero por la ventanilla cómo se van alejando por el andén principal. Lee el nombre de la estación: Almendricos. El nombre no le dice nada, aunque se trata de un pueblo importante, pues de aquí sale un empalme con dirección a Águilas para aprovechar la riqueza minera de la zona, por eso hay tanto trasiego. Demasiado, concluye, para un pueblo tan pequeño. Tentado está por bajar a estirar las piernas como ha hecho su colega Alonso, pero no se atreve, ni tan solo cinco minutos, los que anunció el revisor cuando pasó por delante de su compartimento.

Pisadas fuertes y voces de mando. Y ¡trasca!, un fuerte embate y alguien que abre la puerta corrediza. Son tres las personas que irrumpen en la pequeña estancia: dos guardiaciviles (un cabo y un número) que llevan esposado a un hombre de unos cuarenta años, puede que menos. Al hombre se le ve sucio y magullado, con heridas causadas posiblemente por un objeto contundente. Una porra, quizá. Cara resignada, cabeza gacha, se deja llevar de un sitio a otro por uno de los guardias como un pelele sin voluntad propia.

—No se alarmen, señores, bajamos enseguida. Permanezcan tranquilos en sus asientos —habla el cabo, añadiendo una sonrisa— y no pasará nada. Este hombre no es peligroso.

Llevando un subfusil colgando del hombro es imposible que sus palabras puedan convencer a nadie, por muchas sonrisas que añada. La cara compungida del prisionero, además, no facilita las cosas. Deduce Miguel que lo llevarán a los juzgados de Lorca.

Han ocupado las dos banquetas libres, junto a la puerta; el número junto al detenido, y el cabo, enfrente; las armas, sobre las rodillas, y los tricornios, calados hasta las cejas. El cabo saca una petaca y un librito de Bambú. «¿Ustedes gustan?». Invita a la concurrencia, a todos menos al detenido, que mira con ansia la petaca. Algunos aceptan la oferta, más por no hacerle un feo a la benemérita que por ganas de fumar. El número aprovecha la ocasión para gorrear tabaco a su jefe. El compartimento empieza a llenarse de humo gris, denso, acre, que hace toser a Miguel obligándole a salir al pasillo con el diario en la mano para continuar leyendo, de pie.

—Perdón, señores —se disculpa al levantarse, mirando a los guardias.

Dentro, el silencio se hace incómodo. Nadie habla. Tampoco los guardias entre ellos. El preso acomoda la cabeza en el respaldo del asiento, bosteza sin disimulo y cierra los ojos. Puede que piense en la que le espera. O en la familia que dejó atrás. O simplemente quiere descansar, dormir y olvidar por un momento. Por el aspecto desaliñado y la indumentaria (pantalón de pana, pese al verano, y recia camisa de manga larga), el viajero por un instante pensó que podría ser un maqui. Pero él mismo apartó ese pensamiento rápidamente de su cabeza, porque eso es poco probable, la mayoría de ellos fueron neutralizados por Franco o huyeron de España. Desde el año cincuenta y dos ya no hay guerrilla en la sierra de Baza, solo mitos y leyendas.

La mera aparición de esta idea y la tenencia del diario en la mano es suficiente para recordar un episodio acaecido en Los Junquillos.

Los Junquillos de Cenascuras, 3 de abril de 1947.

Querido diario, a ti te cuento, a ti que me escuchas.

No sé si decirlo, pero en el cobertizo, que es donde pasan las cosas raras, hay un maqui, lo encontré por casualidad cuando perseguía a un conejo que se había escapado del corral. Estaba herido, tenía una mancha de sangre seca en la camisa, a la altura del hombro. Estaba echado en la paja cuando lo descubrí, donde duerme el maestro, y al verme me apuntó con un pistolón grande como un demonio. Vete de aquí, chavea, me dijo. Tranquilo, no voy a decir nada, le contesté. Poco a poco fui retrocediendo y cuando llegué a la puerta salí escupío[21] *como alma que lleva el diablo.*

¡Que le den por culo al conejo! ¡To pa ti, te lo regalo!

Si estas palabras hubiesen llegado a oídos de don Heriberto lo habría reprendido severamente, pues objetivo educativo suyo era pulir el lenguaje de su alumno limpiándolo de blasfemias y reniegos, y de expresiones *granaínas* propias del altiplano.

21. A toda velocidad.

—¿Qué ha pasado con el lápiz? —le preguntó una noche en la que se presentó a la clase y le faltaba el material.

—*Me se escachifló*[22].

El maestro le lanzó una mirada interrogante.

—Persiguiendo una lagartija. Se metió en una raja y escarbé con el lápiz —explicó, el talante del maestro continuaba siendo inquisitivo—. Quería comprobar eso que usted me dijo de que la cola de la lagartija se mueve sola.

—Está bien. —Sonriendo—. No importa, le daré otro. Siempre llevo alguno en el bolsín de la bicicleta. Pero no me gusta que hable usted tan mal. Se me ha roto, tiene que decir. ¿Qué le parecería si yo hablara *asine*?

—¡Señor maestro, que no se dice *asine*, que se dice así!

—Veo que lo ha pillado, menos mal. Venga, repita lo que le he dicho, para que se le quede.

—*Me se* ha roto...

—Se me. Se dice, se me ha roto. No es tan difícil, pruebe otra vez.

—Se me ha roto. Se me estropeó.

—¿Ve? Ahora sí. Y una vez puestos en materia, le presentaré a usted otra palabra que también debe mejorar, y que cada vez que la oigo salir de su boca me chirría el intelecto. El nombre de su amigo Zequielillo es Ezequiel. Ezequiel con e. ¿Me entiende usted lo que le digo?

—Sí, señor. Pero *Ezequielconé* es demasiado largo. Además, suena a negro del Congo. Si se trata de cambiar, prefiero llamarlo Lillo.

—No creo que sepa usted dónde está El Congo. Pero ya lo sabrá.

Cansado ya don Heriberto de ir de cortijo en cortijo, con la pérdida de tiempo que eso conlleva, decidió concentrar a sus

---

22. Rompió.

alumnos en un punto intermedio: en Los Junquillos. Además de equidistancia tenía el cortijo todo lo que él deseaba en su proyecto: un cobertizo para pernoctar, la hospitalidad y confianza de sus dueños, buena sombra y una era donde jugar los niños durante el recreo, y un ecosistema único en la zona para realizar sus clases peripatéticas que tan bien se le daban: la alberca, con su vegetación y fauna de ribera. En su mejor momento, la agrupación llegó a contar con siete alumnos, cinco niñas y dos niños, con edades comprendidas entre los seis y los doce años (a partir de esta edad, raro era el zagal que no fuera al campo a arrimar el hombro, o la mozuela que no se quedara en casa echando una mano en las tareas domésticas), lo más parecido a una clase. De buena mañana salían los educandos de sus cortijos para llegar a tiempo, a las nueve y media, cargados con material escolar, agua y comida. Exceptuando la hora de arranque (que siempre era exacta) el resto del horario era bastante flexible, variaba según las necesidades y los pormenores. Tan pronto llegaban a Los Junquillos ya los estaba esperando don Heriberto con una sonrisa y empezaban la clase, sentados en el poyo de la puerta de la casa si hacía buen tiempo. Miguelito, como alumno aventajado, ayudaba al maestro atendiendo a los más pequeños, luego, antes de la cena, recibía sus clases particulares. A media mañana, a las once, se paraba la actividad académica durante cuarenta minutos para comer un poco, bocadillos de carne de orza o de tortilla de huevos del corral, mayoritariamente. A veces llegaba Eulogio y, como un Rey Mago, repartía mandarinas, o manzanas de cosecha propia; el resto del tiempo de asueto lo pasaban correteando por la era o jugando por la zona de la alberca, más umbrosa y apta para esconderse en según qué juegos. Hasta escuchar las palmadas de aviso del maestro llamando a clase de nuevo.

Después del trabajo, la hora de la comida. Si el día era apacible comían sentados en el suelo encima de esterillas bajo los álamos y los chopos; pero si era inclemente, lo hacían en el interior de la casa, apretujados en la mesa cerca de la lumbre. Allí mismo o en el poyato de la entrada se daban por terminadas las clases.

Aunque todos se relacionaban y en algún momento puntual todos jugaban a lo mismo, Miguelito Checa tenía especial sintonía con Ezequiel Cantarero Torres, Zequielillo el de El Corral Alto, un año mayor que él, con habilidades afines y pensar parejo. Cuando los descansos de media mañana, ambos se buscaban para jugar al trompo, a las bolas, a las *cazolicas*[23], juegos de astucia y habilidad.

Una noche de junio, unos falangistas, boina requeté escarlata, camisa azul mahón con el emblema del yugo y las flechas bordados en rojo a la altura del corazón, corbata negra, pantalón ajustado dentro de las botas, correajes con funda para la pistola que en ese momento empuñaban, amenazantes, irrumpieron en El Corral Alto con estruendo, derribando la puerta a patadas, dando voces, como posesos (por el diablo o por el *pitraque*):

—¡¿Ezequiel Cantarero Bejarano?! ¡Venga, demos un paseo!

Lo mataron.

Lo fusilaron con tres más en un paredón del cementerio, después de una brutal paliza, por estar afiliado durante dos meses a la CNT. Semanas más tarde, «señorito, nos vamos del cortijo, aquí ya no tenemos *ná* que hacer». Madre e hijo partieron a Baza para establecerse en casa de un familiar de Ezequiel. El señorito de El Corral Alto (a rey muerto, rey puesto) buscó después otros cortijeros para la explotación y mantenimiento del cortijo.

---

23. Juego infantil con tapas de bebidas.

Capítulo 9

EL HOMBRE DEL COBERTIZO

—¡Abuelo, en el cobertizo hay un hombre!

—¡Chisssss...! Calla, no has visto nada.

—Pero...

—Lo que te he dicho.

Llegó corriendo el niño al huerto donde Eulogio, azada en mano, preparaba el terreno para la siembra de papas. El resuello hacía difíciles sus palabras:

—¡Está herido!

—Sí, sí. Tranquilízate, no es peligroso. Necesita ayuda —le explicó Eulogio—, marchará pronto.

Tambaleante, una mano en el hombro, la otra colgando, lo vio llegar el cortijero. Cuando lo tuvo delante se dio cuenta de que esgrimía una pistola.

—Ayúdeme, por favor.

Tenía blanca la faz.

—Sí, baje usted la pistola.

Y un rodal rojo en el hombro derecho, donde tenía la otra mano para mitigar el dolor.

Dedujo el abuelo que había perdido mucha sangre, que, con algo de alimento, descanso y cuidados básicos, en poco tiempo estaría listo para seguir su camino.

Sin saber quién era, aunque lo suponía, sin preguntarle nada, hablando solamente lo justo lo acompañó al cobertizo.

Con sumo cuidado le quito la camisa. Olía a sudor, a humo, a campo, a animal furtivo, a podredumbre: a guerrillero. La zona lastimada se le había apegado a la ropa y tuvo que hacer un gran esfuerzo para no aullar de dolor. Fue entonces cuando observó Eulogio que tenía una herida de bala a la altura de la axila. Limpia. Con un orificio de entrada y otro de salida. «Tuvo suerte —pensó—, algo más abajo y le perfora el pulmón».

—Tiéndase ahí, ahora vuelvo —le dijo.

Y fue ligero a la casa a avisar a su nuera.

—Procura que el Miguelito no entre al cobertizo durante un par de días. Tres como mucho, ¿me entiendes? —le dijo a Manuela.

—Ya lo conoce, no para quieto, el muy *andorrero*[24].

Cargados llegaron al cobertizo, Eulogio traía una taza y una perola y su nuera un saquillo de algodón.

—Coma usted, necesita alimento.

El herido bebió con avidez hasta dos tazas de caldo de cocido.

—Gracias.

Y se limpió con el dorso de la mano. Negra, sucia, temblorosa.

—No hay de qué, hoy por ti mañana por mí. Mi nuera le limpiará la herida, más no se puede hacer. Muerda este palo, no queremos asustar al niño.

Mientras Manuela sacaba del saquillo un frasco de alcohol y otro de agua oxigenada, el herido se ponía el palo en la boca preparándose para soportar el dolor con la mayor dignidad

---

24. En este contexto, que todo lo anda, que no para quieto.

posible. Con miramiento, cierto criterio y meticulosidad, la mujer le hizo la cura. Al cabo, antes de vendar la herida taponó los orificios con telillas de caña, el remedio casero más efectivo que usaban los cortijeros para detener las hemorragias de los cortes producidos durante la siega. En la menguante de enero, cuando la caña está en sazón, el abuelo se acerca al cañaveral de la alberca y corta unas cuantas unidades para sacar de los tubos los tímpanos que guardan en sus entrañas, los seca y los almacena en una bolsita de tela, tienen la propiedad de cortar la hemorragia y facilitar la cicatrización.

—¿Por qué hacen esto? No me conocen ni saben nada de mí. —El herido, agradecido.

—Ni falta que hace. —Manuela.

—Pueden tener problemas.

—¿Y quién no los tiene en estos tiempos? —Eulogio, lacónico. Y añadió, a renglón seguido—: Por eso mismo, cuanto menos sepamos de usted, mejor. Después le traeré comida más consistente, ahora a descansar. Escuche lo que le digo —marchándose, alejado varios pasos—, aunque se encuentre mejor no salga de aquí. Mañana ya veremos.

—Gracias por todo.

Aún agregó Eulogio otra consigna, ya en la puerta:

—Por su seguridad y la nuestra, antes de entrar al cobertizo llamaremos tres veces a la puerta —toc, toc, toc, golpea con los nudillos el portón del cobertizo— y luego nos identificamos: «soy yo, Eulogio». ¿Entendido?

Asintió con la cabeza, y nuera y suegro salieron de la estancia.

Dos días después se marchó el emboscado. Cuando Manuela fue a llevarle comida encontró el pajar vacío, solo su huella sobre la paja y su olor penetrante a animal herido quedaban. Sentenció, entonces, la mujer: «soldado que huye, para otra batalla sirve».

Capítulo 10

LOS SUCESOS DE BAZA

—Este niño se nos va. —El abuelo, a su nuera, moviendo la cabeza con gesto pesimista.

Cuando su amigo Zequielillo marchó a Baza a vivir, a causa de la muerte de su padre, Miguelito cayó en una fuerte depresión. Apenas comía. Pasaba gran parte de la noche llorando y se enfadaba por cualquier nimiedad. Era consciente de que había perdido un amigo y difícilmente encontraría sustituto en un medio socialmente tan reducido. ¿Con quién pescaría ranas y cazaría pájaros? ¿Con quién jugaría? Y sin Jenarita en casa, ¿con quién iría a coger collejas, y setas en la chopera, y níscalos en el pinar?

—Ahora por San Cayetano sube Doña Pepa a Las Juntas. Podríamos llevárselo, a ver. De probar no cuesta nada. —Eulogio.

—Para mí que es un mal de ojo como una casa. —Manuela—. ¿Usted qué cree?

—Tiene toda la pinta, sí.

Por turnos, montados en el mulo partieron de buena mañana con la esperanza de que Josefina Robles le devolviera la alegría a Miguelito y las ganas de comer, pues estaba hecho un pellejo.

Después de escuchar a Manuela, Doña Pepa le hizo la prueba del mal de ojo. Vertió una cucharada de aceite de oliva en una tacita y llenó de agua un plato, hasta la mitad.

—Mójate un dedo en el aceite. El índice mismo.

—¿De qué mano? —Miguelito, colaborador.

—Da lo mismo.

—Deja caer tres gotas en el plato. Si se juntan —dirigiéndose a la madre y al abuelo que observaban las maniobras con cara de circunstancias—, es que está tomado; y si no, pues será otra cosa.

Mientras caían las gotas la santera susurró un rezo, «Cuando San José y María caminaban...», que solo se podía desvelar el viernes santo, «...que todo lo curaban. Amén». Hasta tres veces repitió el proceso y en ninguna llegaron a juntarse.

—El niño no está tomado, es otro *malengue*[25].

—Cuál, ¿lo sabe usted? —Eulogio.

—Melancolía. Conozco la solución —les dijo—. Hay unas hierbas muy buenas, hipérico y centaura. La primera es para el quebranto y la segunda para la desgana. Y por casualidad —sonriendo con pillería—, tengo de las dos. Recogidas la noche de San Juan, que es cuando toca. Se pueden beber juntas, en infusión, pero es mejor tomarlas por separado. Dos vasos de cada, al día. Alternando. ¿Me entendéis? Mejor con miel, sobre todo la centaura, es amarga como un demonio. Y ya veréis cómo arranca el chavea.

Asintió Manuela con la cabeza.

—Aunque —continuó la santera, se le había dulcificado la mirada— el mejor remedio que le podréis dar —cogiendo a Manuela del hombro— es llevarlo a Baza para que pueda

25. Enfermedad imprecisa.

abrazar a su amigo, y se desahogue, y suelte la pena que le aprieta el corazón y las rabias que lo corroen. Un adulto esas cosas las torea, pero un niño no tiene habilidades y se las traga. Es entonces cuando aparecen estos *malengues.*

—Gracias, Doña Pepa, lo tendremos en cuenta. —Eulogio, esperanzado por sus palabras—. ¿Qué le debo?

—Nada, hombre. Pero si me das una tripa de morcilla cenamos esta noche. No importa que sea picante —guiñándole un ojo—, casi que mejor.

—Lo siento, no llevo ninguna en el serón, ni dulce ni picante. Pero si le va un cacho *(de)*[26] tocino...

—Venga ese tocino blanco.

—Y una *botellilla* de vino del país...

—Bienvenida sea, la *botellilla.*

Manuela, tres días después, ya en pleno tratamiento, aprovechó la visita de un recovero que vino al cortijo a por papas, viejo conocido suyo, amigo que fue de su difunto marido, para llevarse a su hijo a Baza. Siempre, en tiempo de papas, el hombre visitaba la zona para llenar la camioneta. Las pagaba a buen precio, mejor que su yerno.

—Para mí no es ningún inconveniente, Manoli, os puedo dejar en los mismísimos Caños Dorados y mañana a las siete os recojo en ese mismo sitio, ¿vale? Tengo que ir a Gorafe a cargar papas. Es la temporada y hay que aprovechar. Se ablenta cuando hace aire, y ahora sopla fuerte.

La Fuente de los Caños Dorados se ubica junto a la antigua Puerta del Peso, en el camino real de Lorca y servía de abrevadero a los viajeros y caminantes que entraban a Baza. Está relativamente cerca de la calle Alhóndiga, donde vivían sus parientes, pasarían la noche en su casa.

---

26. Es propio del lenguaje rural suprimir la preposición *de* en algunas construcciones.

El reencuentro de los niños sorprendió a propios y extraños. Después de un tímido saludo, cogidos del hombro salieron a la calle, a corretear un poco. Pero allí no estaba la alberca, ni la era, ni la chopera, ni la cuadrilla de alumnos de don Heriberto chillando y corriendo, y al poco tiempo volvieron a casa. Pasaron el resto de la mañana sin jugar, a duras penas hablando, como dos extraños, de tanto en tanto mirándose de reojo observando los cambios en el cuerpo del otro, sobre todo en el de Zequielillo que, un año y medio mayor ya empezaba a mostrar señales de una prematura adolescencia. Miguelito, allí mismo comprendió que los días felices desubicados del espacio y del tiempo se convierten en meros recuerdos para alimentar la nostalgia. Quiso volver a ese momento en que era dichoso sin darse cuenta de que ya nada era lo mismo, ni siquiera ellos eran los mismos.

Paradójicamente, esta lección de vida le serviría para sacarse la pena del corazón y vivir la realidad más plenamente.

Ya es media tarde.

Madre e hijo caminan hacia la casa del familiar. Al pasar por la Plaza Mayor, a la altura del ayuntamiento hay gente arremolinada delante del pórtico. Pese al gentío, no se oye una voz. Algunas mujeres se tapan la boca con la mano, otras se restriegan los ojos: o no dan crédito a lo que ven o se están secando las lágrimas.

—¿Qué pasa ahí delante?

Manuela, vencida por la curiosidad, con su hijo de la mano se acerca al grupo. La gente les va abriendo paso. Y ya delante del porche, la escena que contempla la hace arrepentirse de haberse aproximado hasta la primera fila, más por su hijo que por ella, pues no sabe cómo le afectará al muchacho en el estado en que se encuentra. Allí delante, tirados en el suelo hay dos cadáveres ensangrentados, acribillados a bala, uno con el rostro amoratado, otro con una expresión de terror pintada en su cara. A ambos lados, con el fusil colgando en bandolera dos guardiaciviles vigilan que nadie se lleve los cuerpos ni los cubran con una sábana en un gesto de humanidad, quieren que todo el mundo los vea y tome nota.

Manuela se acerca, quiere comprobar algo. «Sí que es, pobre hombre», murmura y se santigua. Rápidamente, «¡retírese, oiga!», uno de los guardias, amenazante la mirada, le advierte que ha invadido la zona de seguridad. Y es cuando Miguelito da un salto atrás, espantado, porque a pesar de la cara tiznada y amoratada también ha reconocido a uno de los muertos.

—*¡La vin!* ¡El emboscado del cobertizo!

No hace falta preguntar nada, espontáneamente la gente se presta a contar los detalles de la matanza. Y lo que no saben se lo inventan. Son los muertos Manuel López Teruel, conocido como el Carretero, y su compañero Félix, el hijo del Rojillllo. Dicen que la guardia civil permanecía apostada en El Peñón de la Lechera, una fortaleza natural de más de dos mil metros de altura desde la que controlaban la zona por la que pululan maquis, cuando vieron actividad en la ladera del cerro. Bajando de la atalaya observaron que, por su aspecto desaliñado y su actitud de alerta, podían ser dos maquis y, al parecer, por los gestos ostensibles, uno de ellos herido en un brazo. Hacía días que iban detrás de dos individuos que escaparon en esa dirección tras el intento de secuestro de un ricachón de Baza, donde se produjo un intercambio de tiros en la refriega. Podían ser ellos, se ajustaban a ese perfil, era muy posible que en la escaramuza uno resultara herido. Los sujetos fueron a beber al arroyo Bodurria y en el sendero de Los Álamos, apostados detrás de los troncos de los árboles centenarios, les tendieron una emboscada de la que no pudieron escapar. Después ya se sabe, se llevaron los cadáveres en un camión para exponerlos como escarnio público en el pórtico del ayuntamiento de Baza, y advertir a los enlaces de la zona de lo que les puede pasar si ayudan a la guerrilla. A todos. Sin excepción. Especialmente a los cortijeros, que son su principal apoyo.

Siguen los comentarios, unos dicen que estaban refugiados en la aldehuela de Santa Olaya; otros, en la cortijada de Los Mellizos; y otros, que si en El Raposo, cerca de Dólar. «Qué más da —alguien dice—, la cuestión es que están muertos».

A las siete de la mañana embarcaban en el camioncillo del recovero de Baza, de momento vacío de papas, y sobre las ocho se apearon en el cruce que baja a Los Junquillos, luego de pasar el camino que lleva al Molino de la Lucía, cerca de Cenascuras.

Se enfrentó por la noche Miguelito a su diario después de varias semanas ausente, habiendo visto la muerte de cerca tenía necesidad de escribir.

Los Junquillos de Cenascuras, 15 de mayo de 1947.

Querido diario, a ti te cuento, a ti que me escuchas.

Hoy he visto dos muertos por primera vez en la vida. Tenían la cara muy rara. Estaban echados en el suelo como si fueran dos sacos de papas. Uno de ellos era el emboscado del cobertizo, el que vino herido buscando ayuda y lo curamos hasta que tuvo fuerzas para huir al monte, ¿te acuerdas cuando te lo dije? El otro, ni se sabe. Los mataron los civilones. ¡Mal torazón[27] *les dé en un sitio que sé yo!*

27. Dolor muy fuerte.

Se ensañaron con ellos, sus cuerpos parecían dos azneros[28]*. Ahora, cuando veo un tricornio es que me da un pelofrío*[29]*. Como esto no lo va a leer nadie, aquí puedo decir todos los tacos que me dé la gana, como el abu Eulogio, que tiene un repertorio extenso.*

---

28. Cribas, coladores.

29. Repeluzno.

Capítulo 11

LA CONTRAPARTIDA

Se mueve inquieto el pasajero en su asiento buscando una mejor posición, que no acaba de encontrar. El gesto no le pasa inadvertido a su vecino.

—¿Qué, ya molesta? —Sonriendo socarrón—. Pues espera dentro de diez horas, verás tú. Y hemos tenido suerte con este tren, es de los modernos, la mayoría tienen los asientos de madera. Este es el Orient Express comparado con el último que cogí.

—Pues no sé qué es peor.

—La madera, créeme, mucho peor.

Demasiadas horas sentado, necesita estirar las piernas.

Se levanta y da leves patadas al suelo. Acto seguido se suena la nariz y observa polvillo negro adherido al pañuelo; que pliega y guarda cuidadosamente en un bolsillo.

—Ahora vengo —dice a su colega—, voy a dar una vuelta.

Leía un libro Alonso cuando escuchó estas palabras de su compañero de viaje.

Al cerrarlo para responder, reparó Miguel en el título de una novela de moda: *Los cipreses creen en Dios*, de José María Gironella. «Vaya mamotreto, mil hojas por lo menos». Ha oído hablar de ella. Y del autor. Por eso piensa «sabiendo lo que uno lee se conoce a la persona, tendré que ir con cuidado con este, veo que cojea del pie derecho».

—Pues en un espacio recto poca vuelta va a dar usted. —En clave de broma.

Ríe la chuscada Miguel, más por compromiso que por gracia, antes de contestarle:

—De punta a punta, ir y volver. O los pies me han crecido o los zapatos han menguado.

—Pues hala, que el tren es largo. Aproveche este tramo antes de que se le echen encima las curvas.

Hay mucha gente en el pasillo; algunos, sentados sobre sus maletas de cartón prensado esperando que algún compartimento se desaloje. Sin duda alguna, y como tristemente viene siendo habitual, se vendieron más billetes que asientos: interés económico versus sentimiento humano, siempre la peseta varias cabezas por delante del respeto al individuo. Llevan los pasajeros pintadas en el semblante expresiones de ilusión y de añoranza. Algunos de miedo, el que produce la inseguridad de la aventura forzada.

Un niño corretea sorteando la gente sin escuchar la voz de su madre que lo llama al orden. Hasta que choca contra una maleta y cae al suelo; lo difícil es no haber tropezado mucho antes.

—¡¿Lo ves?! ¡Ya te lo advertí! —lo increpa su madre, la mirada dura, la voz fuerte, sin miramientos a pesar de la gente que observa la escena.

Lo ayuda Miguel a levantarse.

—¿Cómo te llamas, campeón?

—Perico, y ya tengo seis años.

—¡Qué mayor! Anda, ve con tu madre, antes que se enfade más.

Camina Perico vacilante midiendo en la cara de su madre el grado de enojo perseguido por la sonrisa de Miguel, pues le recuerda al Miguelito de Los Junquillos en esas mismas circunstancias. Si los niños no hicieran estas cosas no serían niños, piensa el futuro maestro. «Venga, venga», le espeta, moviendo las manos dándole prisa, sonriendo a la par.

Se para delante de una ventanilla a contemplar las vistas. El tren ha cogido velocidad aprovechando un tramo recto. Ha cambiado el paisaje, en nada se parece al de su comarca. El color de la tierra, el del cielo; las formas de las casas, de los campos. Todo tan distinto... Los palos del tendido eléctrico y los árboles cercanos a la vía pasan rápidos ante sus ojos, y el ruido metálico del traqueteo ha perdido intensidad, se ha suavizado, incluso diríase que es grato al oído, creando todo en su conjunto un efecto hipnótico. En consecuencia, el pasajero se sumerge de nuevo en sus recuerdos, esta vez los provocados por la enésima irrupción de la guardia civil en el vagón.

—Billetes, por favor... Gracias.

Con soniquete profesional, la voz del interventor rescata al pasajero de sus pensamientos. Mientras le revisa el billete controla de soslayo si alguien corre a esconderse en los retretes. Instintivamente, se ha llevado la mano al bolsillo derecho donde guarda la manivela que abre las puertas de las letrinas, es parte de su trabajo. También la de informar a los pasajeros. Cuando acaba en una punta empieza en la otra, hasta que llega el tren a su destino.

—¿Dónde estamos? —le pregunta Miguel.

—En una hora, Murcia.

—¿Vamos bien de tiempo?

—Sí, media hora de retraso, solamente.

Media hora en el Catalán es puntualidad extrema.

La primera vez que llegaron a Los Junquillos eran cuatro. Iban armados y mal vestidos con ropa sucia y vieja. Y la cara tiznada.

—No se asusten, somos emboscados. Solamente queremos comer un poco.

—Somos gente hospitalaria —les habló Eulogio como cabeza de familia, la voz templada, sin manifestar temor; Manuela, con evidentes señales de alarma; y Miguelito, con los ojos como platos, fascinado por la escena, había oído hablar de los maquis pero nunca los había visto en acción, tan de cerca; en los juegos de rol durante los descansos en las clases de don Heriberto jugaba con Zequielillo a civiles y guerrilleros—, pero les agradecería que se marcharan pronto, no queremos problemas.

—Estamos buscando a un compañero. Probablemente anda herido por ahí y queremos socorrerlo. ¿Saben ustedes algo? ¿Han visto...?

—No, nada. —El abuelo, rápido y contundente, sin dar opción a su nieto a que hable.

—Está bien.

Manuela había preparado una fuente de papas fritas y unas tajadas de lomo de orza que los emboscados se comieron con verdadero deleite, en un ambiente frío, conversando solo entre ellos, riendo de cuando en cuando y lanzando miradas furtivas a sus anfitriones.

—Bien. Una cena excelente en buena compañía, muchas gracias. Si se enteran de algo, dejen colgando una tela roja en la encina de la entrada. ¿De acuerdo? —dijo el que llevaba la voz cantante al final de la cena.

—Así se hará. —Eulogio, sin énfasis.

Ya cuando se marcharon explotó Manuela:

—¡Pero, abuelo! ¡¿Se puede saber por qué ha sido tan poco amable?! ¡¿Qué se ha hecho, fascista?!

—¡¿Fascista?! ¡¿Qué coño dices?! ¡¿No has visto sus manos, eh?! ¡¡Blancas!! ¡No han cogido un *azaón*[30] en su puta vida! —Eulogio estaba fuera de sí, le temblaba el labio inferior al hablar y tenía la cara roja, los ojos muy abiertos. Miguelito nunca lo había visto así, tan ardoroso, tan ido—. ¡Por Dios, si huelen a colonia de garrafa que apestan! —Al cabo, soltó una cadena de blasfemias de gruesos eslabones que hicieron agachar la cabeza a un sorprendido Miguelito—. ¿O es que ya no te acuerdas de cómo *golía*[31] el emboscado del cobertizo? Si esos son maquis, yo soy la Virgen de Tíscar, ¡qué pollas!

—Entonces... —Manuela, dudando—. Entonces..., si no son maquis, ¿qué coño son?

—¡*Civilones*! Se visten como ellos, hablan como ellos, llevan sus mismas armas... Los llaman la contrapartida. Van a los cortijos para sacar información a la gente con argucias y mentiras. ¡Farsantes! Se cuenta por ahí que cometen robos y violaciones para echarles la culpa a los maquis de verdad, a los auténticos, y que la gente se muestre más desconfiada con los emboscados y reciban menos ayuda.

Manuela estaba anonadada escuchando las palabras de su suegro.

—¡Pues menos mal que se ha dado usted cuenta, abuelo! ¿Y ahora qué?

---

30. Azadón.

31. Olía.

—Ahora nada, mañana subo a Gor y doy parte a la guardia civil. Que no nos acusen de ayudar a emboscados, esa es la trampa que nos han tendido, ¿entiendes? Los muy... los muy... ¡Hay que joderse!

La segunda vez fueron cinco, los mismos y otro nuevo, y venían uniformados, con tricornio y capote. Llegaron cuando los habitantes del cortijo estaban a punto de cenar, a hora de fraile, como se suele decir.

—Si ustedes quieren sentarse. —Eulogio.

—No, gracias, en otra ocasión. —El sargento, el mismo que la otra vez llevaba la voz cantante.

—¿Es que van a venir más veces, ustedes? —Manuela, intentando reprimir su disgusto, temiendo que las visitas a su casa se conviertan en habituales.

—Pues de eso queríamos hablar. Dada la situación estratégica de Los Junquillos, la Benemérita ha decidido establecer aquí su base de operaciones contra los bandoleros de la zona. Así que tendrán que acostumbrarse a nuestra presencia y cuidarnos tan bien como la última vez. —Sonriendo con sorna contenida, girando la cabeza para hacerles un guiño de complicidad a sus hombres—. Si están pensando en el gasto no se preocupen, nosotros les proporcionaremos viandas de cuando en cuando. Aunque no creo que estén a la altura de su lomo de orza. Espero que no se molesten.

«Hijos de la gran puta», pensó Eulogio. Sin embargo, las palabras que pronunció fueron otras bien distintas:

—No será ninguna molestia. —Forzando una sonrisa.

—Bueno, ya está bien de *cascar*[32], que tenemos trabajo, ¿disponen ustedes de algún sitio donde podamos instalarnos?

Eulogio los acompañó al cobertizo y tras un examen minucioso el local les pareció adecuado, aislado de la casa

---

32. Hablar (peyorativo).

para disponer de cierta intimidad a la hora de planear sus acciones.

Casi siempre eran los mismos. Llegaban a Los Junquillos con el uniforme reglamentario, se metían en el cobertizo y al cabo de una hora salían vestidos de maquis con la cara tiznada. Y por la madrugada, al romper el día regresaban de nuevo al cortijo y se volvían a vestir de guardiacivil. A veces tardaban dos o tres días en volver.

Cuando no eran cenas eran almuerzos, siempre comidas fuertes. Y mucho vino al terminar la jornada, para celebrar los éxitos conseguidos. Brindo por esto, brindo por lo otro, que si somos cojonudos, que si la madre que los parió a los *joíos* bandoleros de los cojones... La cuestión era que los habitantes del cortijo siempre estaban a su servicio desde el instante en que llegaban. Eso sí, el sargento cumplió su palabra y de vez en cuando traía alimentos. Hasta medio choto trajo una vez, que se comieron de una sentada, al ajillo, la procedencia del cual (supieron más tarde) era del Cortijo Colorao, no muy lejos de Los Junquillos. «Requisaban» (con mucho retintín puesto en el verbo) en un cortijo (en nombre de la Gloriosa Benemérita) para comérselo en otro (en Los Junquillos).

Esa noche quedó reflejada para la posteridad en el diario de Miguelito, semanas más tarde, cuando se atrevió a contarlo por escrito:

Los Junquillos de Cenascuras, 19 de mayo de 1947.

Querido diario, a ti te cuento, a ti que me escuchas.

Te lo diré al oído, no quiero que los civiles se enteren, nos podrían hasta matar, que estos son capaces, que bien pre-

gonan a grandes voces sus fechorías cuando están jartos de pitraque, enfollonaos[33] *perdidos. No sé si son cerdos que hablan como los hombres o unos hombres que comen como cerdos. Lo que sí tengo claro es que tienen muncho peligro, por eso no me atrevía a contarte nada, no fuera que en un descuido cayeras en sus manos. Mi abuelo los llama los civilones, con una palabra muy fea delante que no me atrevo a pronunciar. Solo te digo que empieza por pe y termina en a. Se dedican, dice, a robar y a dar palizas a la gente para echarles la culpa a los emboscados. Que según me dijo don Heriberto son huidos que le hacen la guerra a Franco por su cuenta, por eso les tienen tanta manía. Me apuesto mi tirachinas que esa gente fue la que mató al hombre del cobertizo.*

Ahora los maquis me caen mejor que los civiles, y te lo digo a ti, bien al oído como antes he dicho, porque cuando los veo entrar por la puerta enzorraos[34]*, es que me furreo*[35] *de miedo por la pata abajo*[36].

33. Borrachos.

34. Enfadados.

35. Cago.

36. Diarrea.

Capítulo 12

EL ENLACE

El momento más esperado de la mañana llega tras unas palmadas de aviso.

—¡Niños —¡plac, plac!—, la hora del descanso! Que nadie coma corriendo. Ya sabéis, primero... —Con intencionalidad didáctica deja la frase en el aire, espera que sus alumnos la terminen.

—¡A lavarse las manos! —Todos contestan, sin excepción, a coro.

El ritual se repite diariamente. Los niños, en su ansia de juego, a veces se olvidan de la higiene. Hay que estar continuamente encima de ellos. Aunque peor sería verlos correr como un demonio con la fruta en la mano, dándole mordiscos, con peligro a que se les caiga al suelo, se atraganten o hagan mal la digestión.

Mientras los alumnos van a la alberca, el maestro se dirige hacia el camino que conduce al cortijo. Lleva en la mano un papel no más grande que un sobre y su actitud es de cautela. Porque de vez en cuando gira la cabeza para comprobar si es observado por alguien. Hasta llegar al olmo viejo, retorcido, frondoso, que crece justo en la entrada, el que da la bienvenida al visitante que llega a Los Junquillos y pasa por debajo de la sombra de sus ramas nudosas, largas y tupidas, como un arco de triunfo natural. La lluvia y el tiempo horadaron en su tronco un hueco ahora podrido.

Miguelito ha visto a su maestro. Y le parece extraña su actitud. Y con la manzana olvidada en la mano lo va siguiendo con la vista. Parece que nadie más se ha dado cuenta.

Llega al olmo don Heriberto, se gira avizor por enésima vez y mete el papel al fondo del orificio. Todo seguido, se agacha, elige una piedra y sella el agujero.

Tan misteriosa le parece la actitud del maestro que Miguelito ha decidido investigar por su cuenta. A la tarde será, cuando terminen las clases. Es un niño curioso por naturaleza y necesita respuestas. Respuesta que sabe que su instructor no le va a dar.

Espera hasta que sus compañeros se hayan ido.

Al salir, todos han pasado junto al olmo. Pero nadie ha girado la vista hacia el hueco, donde está el secreto que el maestro guardó.

Don Heriberto coge la vieja Orbea. Antes de subir, con las pinzas se amarra los bajos del pantalón. Y se marcha. Por lo que se ve, esta noche no dormirá en el cobertizo. «Mejor —piensa Miguelito al verlo partir—, vía libre».

Como antes hizo su maestro, camina con sigilo Miguelito derecho al árbol con la idea fija de meter la mano en el agujero donde tantas veces hurgó buscando nidos de mochuelo y de picapinos.

Llega al olmo.

Sabe que lo que va a hacer está mal.

Pero la curiosidad es mayor que el acatamiento y, como hizo su maestro, mira a su alrededor e introduce la mano en la oquedad, que en su imaginación la ve como la boca putrefacta de un animal salvaje que se la podría cercenar de un mordisco. Y encuentra lo que presumía que iba a encontrar, un papel doblado por la mitad.

Desdobla y lee:

«¡CUIDADO, COMPAÑEROS!

LA CONTRAPARTIDA OS PISA LOS TALONES.

DESAPARECED UNA TEMPORADA,
NO NOS PONGÁIS EN PELIGRO».

¿La contrapartida? «Qué palabra más rara —cavila—, pues ahora que lo pienso, creo que se la he oído nombrar alguna vez al *abu*».

—Abu, ¿qué es la contrapartida? —Inocente, ajeno a las consecuencias, le preguntó a Eulogio por la noche, antes de la cena.

—¿De dónde has sacado esa palabra? ¿Quién te ha dicho eso?

—No, nada... —No supo qué contestar Miguelito, sabía que si contaba la verdad se metía en un buen lío.

—¿No...? ¿Nada...? No se aprende de la nada, alguien te la habrá dicho. ¿Algún compañero, quizá?

Tentado estuvo el zagal de decir que sí, aunque pensó con buen tino que la bola podría hacerse más gorda de seguir rodando por tan marcado desnivel. Por eso decidió contarle a su abuelo la verdad.

Al cabo, Eulogio se puso rojo de ira, soltó una ristra de imprecaciones ante un asustado Miguelito que nunca lo había visto en tal estado de excitación. Y cuando se desahogó se dirigió a su nieto:

—No tienes ni idea de la gravedad de lo que has hecho. Mañana se lo cuentas a don Heriberto y que te explique él mismo eso que me has preguntado. Y ya de paso que te diga qué son los enlaces. Pero antes le pides perdón. Tu madre, tu maestro y yo somos enlaces. Ahora tú también lo eres, por metomentodo.

Un comprensivo abrazo le dio Eulogio a su nieto al verlo llorar a moco tendido. Luego, Miguelito subió a su habitación y se encerró por dentro.

Los Junquillos de Cenascuras, 20 de mayo de 1947.

Querido diario, a ti te cuento, a ti que me escuchas.

Me siento muy triste, hoy la he liado parda, por goleor[37]*, y todo el mundo en casa se ha enfadado conmigo, hasta el mulo, que me ha rebuznado malamente. ¡Quién me mandaba a mí meter la mano en el bujero*[38] *del olmo! Pero lo que más me ha dolido ha sido la reprimenda de don Heriberto, ¡vaya pimentón*[39] *ha cogido el hombre! Les he fallado a todos, espero que no te enfades tú también, sería el colmo. Me ha explicado el maestro qué es la contrapartida y cuál es la peligrosa labor de los enlaces. Peligrosa pero necesaria, porque sin nosotros (porque yo también soy enlace*

37. Entremetido, cotilla.

38. Agujero. En este contexto, hueco.

39. Berrinche, enfado, cabreo.

ahora, me lo dijo el abu), la guerra contra Franco sería imposible. Ahora tiene sentido lo del guerrillero del cobertizo, tanta hospitalidad, tanto secretismo.

Después de hablar contigo me siento mejor, gracias por escucharme.

Capítulo 13

EL BUHONERO

El latido de la máquina baja pulsaciones. El triquitraque se acentúa y el tren pierde viveza a medida que se va acercando a Murcia.

Súbitamente, como a trescientos metros de la estación, sin motivo aparente se detiene cuando los pasajeros más inquietos ya se preparaban para bajar.

—¿Qué hacemos aquí parados?

—Se nota que has viajado poco. —Alonso, dando la explicación a Miguel. Por mutuo acuerdo han decidido tutearse, a estas alturas del viaje tiene poco sentido tratarse de usted—. Está esperando a que llegue otro tren, supongo. Aquí todos tienen preferencia al Catalán, hasta un borreguero. Aunque no sé cuál de los dos es más borreguero, como ya habrás podido comprobar.

Sonríe Miguel al recordar que tuvo que sortear a varios pasajeros que dormían la siesta en el pasillo apoyando la cabeza en sus respectivas maletas, incluso en algunos casos pasando por encima de sus cuerpos, con el peligro que eso conlleva en un tren tan bamboleante, tan impredecible.

Veinte minutos largos y un mercancías que pasa junto a ellos para ocupar la vía de entrada a la estación.

Arranca el tren.

Al poco tiempo, tras un resoplido mecánico, con grandes chasquidos se detiene: ha llegado a su destino.

—¡Murcia, quince minutos! —El interventor, con voz cansina, desde el pasillo, dando el aviso.

—¡Ja! Eso no te lo crees ni tú. —Alonso, irónico—. Con treinta ya firmo. Y que no sean más.

Nada más exhalar su último aliento metálico, los coches son tomados por un grupo de mercachifles dispuestos a ordeñar el convoy.

Sube al vagón de Miguel un buhonero adolescente pregonando su género a voz en cuello: «¡Cuchillos, navajas de Albacete, el mejor acero de España!». «¡Pastoras, capadoras, podadoras, cabriteras!». «¡Cortaplumas, estiletes, de abanico, de bolsillo!». Lleva un ancho cinto de cuero y lona con diferentes compartimentos longitudinales, de distintos tamaños, repletos de navajas y cuchillos de toda clase distribuidos según sus dimensiones. Por su peso (más de quince quilos de material), lleva el cinto ajustado al cuello con un tirante de cuero. Y colgando sobre el hombro izquierdo, en bandolera, un macuto de tela, es muy probable que ahí lleve la comida para todo el día. Al buhonero se le ve sudado y con la cara arrebolada por el peso que acarrea.

—¿Quiere una navaja, señor? —Dirigiéndose a Miguel, el único que se ha dignado a mirarle—. De Albacete, auténtica. A usted le va una clásica, una como esta.

Se extraña Miguel de su presencia, por eso le pregunta:

—¿Qué estás haciendo en Murcia?

—En Albacete hay mucha competencia, aquí soy el único cuchillero de la estación.

Se intercambian sonrisas, el mejor puente para iniciar una relación comercial.

Avispado, decidido, el muchacho selecciona una navaja y abre la hoja con gesto profesional.

—Fíjese qué acero, señor, y qué acabado. No verá nada igual en toda España. Cójala.

—No, gracias. ¿No tendrás una pastora, por casualidad?

Al joven buhonero se le iluminan los ojos.

—¡Pues claro! Bonita elección, las mejores del taller. Usted sí que sabe. De qué cachas, de qué precio...

Se siente halagado Miguel por las palabras del joven. Y sonríe.

—Sencilla, de madera.

—¿Madera roja, madera blanca, madera verdosa...?

—Rojo castaño.

—Rojo castaño, claro, rojo castaño oscuro... Creo que llevo. —Rebusca el vendedor en uno de los bolsillos del cinto—. ¡Sí! —Con una sonrisa sincera que no parece profesional saca a la vista una navaja con las características que le ha pedido el viajero—. Usted está buscando... esta. —La abre y repasa el filo con el pulgar y el índice, como quitándole un polvo invisible, un gesto mercadotécnico mil veces practicado—. ¿Qué le parece? —La coloca sobra la palma de su mano izquierda, como si esta fuera un mostrador—. Navaja con hoja pastora de acero de carbono —recita—, virola de latón bruñido y mango de madera rojo castaño. Elegante y práctica. Es la que busca, ¿verdad, caballero?

Un nudo en la garganta se le ha formado a Miguel, que tiene que hacer un esfuerzo por contener las lágrimas. Porque la navaja es idéntica a la que tenía su abuelo, sin duda se extravió con el barullo del traslado, como tantas cosas que todavía no ha echado de menos. Tiene en la mente la imagen de su abuelo cortando tocino curado con la navaja, asentado sobre un coscurro de pan negro, en trozos lo suficientemente pequeños como para podérselos comer, sus encías semivacías no estaban aptas para tales menesteres.

—Cuando tengas tú el *molaje*[40] que tengo yo, harás lo mismo. Con esto —blandiendo la navaja—, el tocino está más *ternico*[41].

Le preguntó una noche Miguelito después de cenar, arrimados a la lumbre:

—*Abu*, ¿sabe hacer tirachinas?

—¡Pues claro! ¿Y tú para qué quieres un tirachinas?

—Para jugar, para qué va a ser.

—Jugar... a qué.

—A hacer puntería..., matar gorriones, y eso.

—¿No te da lo mismo apuntar a unas latas? Porque matar no es un juego. Sepas que si matas un pájaro tendrás que comértelo. No se mata por placer, se mata por necesidad, aprendamos de los animales. Así de paso te digo que detrás de cada alimento está el trabajo de una persona. Piénsalo siempre antes de decir «esto no me gusta».

Con su navaja pastora de mango de madera castaño rojizo, un trozo de neumático de bicicleta, un pedazo de badana vieja de los arreos del mulo y mucho cariño, Eulogio le construyó a su nieto el mejor tirachinas del mundo.

—*Abu*, usted que lo sabe todo —le dijo días después—, ¿podría hacerme una caña de pescar? Es una lástima, con la de peces que hay en la alberca.

—¿Te acuerdas de lo que te dije sobre matar pajarillos?

---

40. Dentadura.

41. Tierno (diminutivo).

—¡Claro! Y lo he cumplido. ¿O no?

—Pues lo mismo para con los peces. ¿Estarías dispuesto a comerte una carpa? ¿Con la de espinas que tiene?

—¡Pues claro! También tienen huesos los gorriones. Y los topillos.

Seleccionó Eulogio la caña más apropiada en el cañar de la alberca. La cortó y limpió de hojas, con la pastora. Le acopló un hilo de cáñamo, un anzuelo de alambre, un tapón de corcho y una plomada de hierro.

—Ya tienes tu caña. Cuando venga tu cuñado el recovero —nunca lo llamaba por su nombre, estaba resentido por haberse casado con su nieta de la manera en la que lo hizo— ya le pediremos un sedal como Dios manda. Y todo lo demás. De momento puedes practicar con esto. Y a ver si me das una alegría y vemos pronto una tenca en la sartén, verás qué rica está. Que las cosas que uno cultiva, caza o pesca están más buenas que las que se compran por ahí. Y si no, tiempo al tiempo. ¿Sabes cómo se hace? —La pregunta era retórica, pues deseando estaba Eulogio enseñar a su nieto cómo se pesca—. Coges la caña *asine*, lanzas el sedal delante de ti y esperas el tiempo que haga falta, hasta que veas que se hunde el corcho. Luego tiras *asine*, una *mijitilla* de lado. Y con un poco de suerte habrás enganchado al pez del hocico. Pero primero que nada tendrás que poner un gusano en el anzuelo, que los peces no comen hierro.

—Señor, si esta no le gusta le enseñaré otras de mayor calidad.

—¡No, no! Esta me parece perfecta.

Un brusco tirón y de nuevo el chirrido metálico de las ruedas: el Catalán se pone en marcha.

—¡Eh, que se va el tren! —Miguel, alarmado.

—No se preocupe, señor, bajaré en la próxima, estoy acostumbrado. El revisor ya me conoce. ¿Caramelos de Hellín? —Cambiando de tema—. También llevo —Haciendo balancear el macuto con movimientos del hombro—. También llevo. Los mejores...

—Los mejores de España —termina la frase Miguel, con una sonrisa irónica.

—¿Cómo lo sabe, señor?

—¿Cuántos me das por dos reales?

Le vuelven a brillar los ojos al joven ante la posibilidad de una nueva venta.

—Diez, señor.

—Venga esos diez, tengo la boca seca.

Fueron doce.

Capítulo 14

EL CIRCO

Se pierde el buhonero por el fondo del pasillo entre maletas, bultos y cuerpos asomados a las ventanillas y sentados encima de sus equipajes, vigilando que, con un poco de suerte, algún asiento quede libre, el cinto pesa demasiado como para ir todo el día dando tumbos de un coche a otro. Necesita un descanso, una tregua, aún falta mucho para coger su tren, el que lo llevará a Albacete; quince o veinte minutos y luego continuará su ordeño por los vagones. El viajero se fue a su compartimento con su navaja pastora y sus recuerdos infantiles.

—Guárdame el sitio —le dice a su colega.

—Tranquilo, se da por hecho. ¿Qué, ya te has cansado de leer?

—No. Pero necesito parar un poco. Son muchas las emociones.

—Comprendo. Muy buen texto será cuando dices eso.

—El mejor para un viaje como este.

Después de contarle a grandes rasgos la historia de su diario desaparecido y recuperado en la estación de Guadix, sale

Miguel a tomar el aire al pasillo, el compartimento es un puchero con todos sus ingredientes desde hace un rato. Los ocupantes han dado rienda suelta a su apetito y ha empezado un nuevo trajín de fiambreras, tarteras y portaviandas de mimbre con su correspondiente «ustedes gustan». Para los más tardones, es la hora de la comida; para los tempraneros, ya es hora de merendar.

El aire azotando su cara, apuntala el viajero los codos sobre el grueso cristal de una de las ventanillas del pasillo mientras observa las maniobras del convoy saliendo de la estación de Murcia, entre ruidos, frenazos y triquitraques; también eso tiene su encanto.

Atento está a las operaciones cuando aparece en un descampado, ya a las afueras de la ciudad, la carpa veteada de color azul y blanco de un circo ambulante, coqueto, pequeño, pero con más dimensión que el que llegó una tarde-noche al cortijo. Aun cuando han pasado más de nueve años recuerda los detalles del momento con inmejorable minuciosidad, presume de tener buena memoria.

Serían las seis de la tarde, recién terminada su clase particular, cuando invadieron la era una caterva de carromatos variopintos. Antes de desenganchar las caballerías hizo acto de presencia un personaje que, con voz pomposa, como si hablara ante una gran audiencia, se dirigió a Eulogio:

—Buenas tardes, señor, ¿es usted el propietario de esto?

—Sí, señor. ¿Con quién tengo el gusto de hablar?

—Perdone usted que no me haya presentado, soy Aquiles Trestorres. —Reverencia teatral muchas veces ensayada. Manuela, Miguelito y don Heriberto, entre asombrados y divertidos, miraban a la par al tal Aquiles y a los carromatos multicolores, tan llamativos como sus conductores—. Empresario y director del Circo Trestorres —dándose la vuelta y señalando con un gesto de la mano, brazo extendido, todo el conjunto de carruajes, personas y animales—, y comparezco ante usted dispuesto a solicitar la venia para usar sus instalaciones y poder pasar aquí la noche. Solo una noche. Una. —Reforzando la palabra levantando el dedo índice y agregando una mirada suplicante, exageradamente conmovedora, efectista—. Mañana a primera luz del día partiremos hacia Guadix para dar a conocer nuestro arte al público accitano, representación a la que, por supuesto, vuesas mercedes —otra reverencia— están invitados.

Imposible no sonreír ante la contemplación de tan histriónico personaje.

—¿Y cómo han llegado hasta aquí? Porque esto, anda que está *apartaíllo*[42].

—Efectivamente, por un momento creí que nos habíamos perdido. La respuesta que busca bien sencilla es, preguntamos en el primer cortijo que vimos y nos dijeron que el espacio que precisamos y el agua para nuestras necesidades y nuestras bestias, solo en Los Junquillos los podríamos encontrar en estos andurriales. Y henos aquí, ante usted y el resto de los morades. Solo una noche. Una. Y nos vamos.

—¿Cómo podemos negarnos, con el trabajo tan importante que realizan ustedes, hacer feliz a la gente? Allá tienen una alberca con agua de manantial. Potable, por supuesto. Bien, pueden quedarse, pero con una condición.

—¿Cuál?

—La de permitirnos presenciar sus entrenamientos.

—¡Hecho! Le doy las gracias en nombre de la *troupe*. —Acompañando las palabras con una reverencia palaciega, exagerada, anacrónica.

---

42. Es muy propio del habla goreña el abuso de diminutivos terminados en -illo, -illa, no solamente en sustantivos y adjetivos.

Inmediatamente detrás, una señal convenida con el brazo en alto, un toque de silbato, y la *troupe* del Circo Trestorres dispuso los carros en redondel, en la era, formando una plaza polícroma.

A renglón seguido, liberaron las caballerías de sus respectivas cargas y se dirigieron a la alberca, dándole todos las gracias a Eulogio al pasar por su lado.

—Don Heriberto, ya sabe usted lo que tiene que hacer —le dijo al maestro, que no había dejado de sonreír desde el primer momento.

—¡Por supuesto! Voy corriendo, antes de que se haga de noche.

Heriberto cogió la bicicleta, Orbea, años veinte, mil veces reparada (especialmente las ruedas y la cadena) y partió volando sin perder la sonrisa, pensando en lo mucho que iban a aprender y a disfrutar sus alumnos aquella tarde-noche de junio.

Semblantes iluminados, ojos como platos y sonrisas que durarán mucho rato en sus labios, entran los siete niños en la plaza de los sueños reales precedidos por su maestro que, de antemano, les va explicando lo que ahora ven y después nunca olvidarán; así como las palabras de nueva incorporación a sus vocabularios (cualquier momento es bueno para enseñar y aprender; y los hay inmejorables). Acróbatas, equilibristas, escapistas, malabaristas, payasos, enanos, magos, ventrílocuos, domadores, trapecistas en acción, con sus respectivos aparatos, sus movimientos repetitivos, sus gestos risueños a pesar de la dificultad de los ejercicios. Algunos interactúan con los niños.

—Prenda, coge una carta... Recuérdala bien... Ponla en el mazo, donde tú quieras... Baraja las cartas, ¿sabes hacerlo?

—No, señor.

—Pues que lo haga tu maestro.

—Toma, Mariquilla, dale las cartas al señor. —El maestro.

Recoge el mago el mazo y vuelve a barajar con habilidad y rapidez. Al cabo, le dice a la niña:

—Mariquilla, levanta la última carta... ¿Es la que elegiste?

—¡Sííí...! —Todos los niños, a coro.

—Maestro, ¡¿cómo lo ha hecho?!

—Todo es posible, Miguelito, cuando las manos son más rápidas que la vista.

Suena un redoble de tambor en el centro de la plaza, aún hay luz suficiente para ver los tonos irisados del ruedo, en junio los días son largos. Es Aquiles Trestorres, el director del circo, la persona que tamborilea atrayendo la atención de la concurrencia antes de anunciar con voz potente, circense:

—¡Señoras y señores, respetable público, tengo el gusto de anunciarles, como regalo por la gentileza que han tenido ustedes en cedernos por una noche, una sola noche, este inigualable espacio, la actuación de la más famosa... —redoble—, la más lista... —redoble—, la más simpática... —redoble—, la más graciosa... —redoble—, la más elegante de las monas... —triple redoble que paulatinamente va subiendo de intensidad antes de anunciar—: Chita!

Sale la mona haciendo monadas vestida con un tutú de *ballet*, un corpiño y una diadema con flores de tela, aplaudiéndose a sí misma y dando la mano a los niños que se atreven a cogérsela. Da una voltereta y vuelve a ovacionarse, ante la hilaridad de un público entregado que se rompe las manos aplaudiendo. Debido a la cabriola la diadema se le ha torcido transfiriendo a la mona una imagen aún más cómica si cabe. De un brinco sube a lo alto de una carreta, y ya arriba, se lanza al vacío dando una voltereta al caer al suelo de la era.

Aquiles Trestorres deja el tambor y las baquetas para coger un organillo. Le da al manubrio, con tino, y suena un chotis de moda. Al oír la melodía, Chita pilla una pandereta y la aporrea con desatino. No lleva el ritmo, pero no importa, lo principal es la intención que le pone y la sonrisa ancha que muestra a los niños. Acto seguido, con la pandereta boca arriba y la diadema a punto de desprenderse de la cabeza, se dirige al público en actitud pedigüeña, enseñando sus dientes blancos y sus encías rosadas en lo que se podría interpretar como una suerte de sonrisa. Sonrisa contagiosa.

—Hoy no, Chita —la reprende Aquiles y le quita el instrumento con un duro forcejeo que levanta las risas a la concurrencia—, hoy no se pide, Chita, aquí no, este público es especial. —Perdura el forcejeo—. ¡Que no, te he dicho que no! —Consigue Aquiles hacerse con la pandereta, por fin—. ¡Muchas gracias, respetable, espero que se hayan divertido ustedes! ¡Mis compañeros del Circo Trestorres y yo reiteramos nuestra gratitud y les invitamos al espectáculo de mañana a las seis de la tarde en Guadix, en el descampado del Barrio de las Cuevas! ¡Buenas noches!

Cesa la actividad en la era.

Hoy cenarán los niños todos juntos la comida que han traído en sus cestillos.

Luego pasarán la noche en el cortijo, el cobertizo es grande y hay sitio para todos, incluso para el maestro, que ya tiene su cama reservada en el pajar.

Al día siguiente, tras cuatro palmadas de aviso, «¡vamos chicos, es hora de levantarse!», y un par de voces, «¡venga, arriba!», despierta Heriberto a los educandos. Él personalmente se encargó de preparar el desayuno: churruscos de pan remojados en leche de cabra recién ordeñada, hay que reponer fuerzas para empezar un nuevo día. Pero los niños tienen el pensamiento puesto en otro sitio y antes de alimentarse prefieren ir corriendo a la era.

La era está vacía, ni rastro de los circenses.

Pero sus mentes están llenas. De voces, de colores, de sonidos; recuerdos que perdurarán toda la vida.

Como han pervivido en la de Miguel.

Vuelve el viajero a ocupar su sitio. Sonriente. Relajado. Echa mano al diario que guardó hace un rato en la bolsilla de algodón, encima del escay, pegajoso, azul (también huele a arenque, a queso, a culo, a miedo, si alguien es capaz de comprobarlo) con el que la RENFE tapiza los asientos del Catalán sin pensar un ápice en la comodidad de los viajeros, y busca la mención que escribió en sus páginas la noche después del acontecimiento, como la crónica de un día perfecto.

Los Junquillos de Cenascuras, 9 de junio de 1947.

Querido diario, a ti te cuento, a ti que me escuchas.

Fue anoche una de las más felices de mi vida, de las que nunca se olvidan. En la era acampó el famoso Circo Trestorres que iba de paso a Guadix y pudimos ver a los artistas en acción. Aunque nos aseguraron que traían animales salvajes, solo pudimos ver a la mona Chita. Qué panzá de reír, hasta don Heriberto, con lo estirado que es, se partía de risa. Qué animal tan gracioso, ¡la vin!

—¿Y esa sonrisa? —inquiere Alonso, que se ha dado cuenta de su gesto risueño. Miguel lleva mucho tiempo sin hablar y su compañero ve la ocasión perfecta para entablar una nueva conversación.

—Nada, que hay cosas que suscitan remembranzas del pasado, y...

—Y por lo que veo —lo interrumpe—, algo te ha suscitado un bonito recuerdo.

Sonríe Miguel a la par que asiente con la cabeza.

—Así es. ¿Has ido alguna vez al circo?

—¡Claro que he ido al circo! ¿A qué viene eso?

—¿Qué te parecería una sesión solo para ti y tu familia?

—Eso es imposible.

Vuelve a sonreír Miguel movido por la respuesta de su contertulio.

—Es posible. Todo un circo para siete niños y tres adultos. Pasó una noche de junio del año cuarenta y siete.

—Supongo que me lo vas a contar ahora.

Se queda pensando qué respuesta va a darle, no es tan fácil compartir los recuerdos íntimos con desconocidos.

—Por supuesto.

Y le contó una de las pocas cosas que podía desvelar de sus memorias.

—Buen maestro tuviste, por lo que cuentas y cómo lo cuentas.

Sonríe satisfecho Miguel antes de decir:

—El mejor. Ya me gustaría a mí parecerme un poco a él.

—Si ilusión y ganas no te fallan, tienes medio camino hecho.

—Y cariño. No te olvides del cariño a los niños.

—Fundamental ese ingrediente.

—El más importante.

Acto seguido, se abre una interesante conversación sobre el perfil del educador llegando a la conclusión, compartida, de que la letra no entra con sangre, sino con amor, maña y una buena estrategia docente.

Capítulo 15

LA PALIZA

No quiere enfrentarse Miguel a su diario, vienen páginas negras, las peores de su infancia. Por eso abandona su recalentado asiento y se acerca a la ventanilla más inmediata del pasillo, desea desconectar.

Pero la visión del paisaje que ha buscado como estrategia no consigue evitar que algún recuerdo amargo se filtre por los resquicios de su mente. «Cuestión de tiempo», piensa. Y baja el cristal para respirar aire puro, eso también le va a ayudar.

Por la derecha, según el trayecto, observa ajetreo en unas grandes extensiones de viña, en la ladera de la sierra: ha empezado la vendimia. Por las veredillas blancas, serpenteantes, bajan carros cargados de uva camino de la bodega, y en los campos verde-amarillentos, cuadrillas de jornaleros se afanan en terminar el tajo antes de que les sorprenda la puesta del sol. El espectáculo tantas veces visto en su tierra continúa fascinándolo y lo seduce, lo atrapa, alejándolo de sus pensamientos: ese era el objetivo.

El Expreso va perdiendo viveza paulatinamente, se prevé una parada. A estas alturas del viaje, Miguel ya ha aprendido el lenguaje básico del tren expresado en cambios de velocidad y de sonidos, combinados según las circunstancias.

¿Qué pueblo es este? Siente curiosidad. Y extrema su interés para que el nombre de la estación no le pase desapercibido, como tantos otros durante el trayecto. «Fuente la Higuera», lee, sin percatarse de que ha pensado en voz alta. A cristal bajado, la cabeza fuera, como no le gusta a su madre que haga, atisba Miguel el andén. Parece que nadie se apeó. Sí, advierte, un labriego. Vendimiador, quizá, por su aspecto. Antes lo vio subir a su mismo coche con un cestillo de mimbre en la mano. En un ejercicio de imaginación supone que ahí llevaba la comida del día y el agua. También las tijeras de vendimiar.

«Qué extraño —piensa—, ¿dónde está el pueblo?».

Tienen que pasar un túnel y un par de quilómetros para ver por su derecha las casitas blancas de la población enganchadas en la ladera de una montaña puntiaguda. Parece grande, concluye. Más de dos mil habitantes, le echa.

Pronto la monotonía del paisaje hace que pierda interés y el viajero vuelve a su asiento, debajo del palmeral de Elche, al que solo le falta contar las palmeras.

Un triste recuerdo golpea en su hombro reclamando su atención.

Venciendo su temor, pues presiente lo que va a encontrar, abre el diario:

Los Junquillos de Cenascuras, 11 de junio de 1947.

Querido diario, a ti te cuento, a ti que me escuchas.

Hoy tengo una cosa muy fea que contarte, esta tarde los civilones de la contrapartida le han dado una buena pinfollina[43] *al abuelo. Sin mediar palabra, el sargento le ha soltado una molla*[44] *como un demonio que lo ha tirado al suelo dándose un trapajazo*[45]. *El muy rabúo*[46] *estaba enritao*[47] *que no veas porque le dimos cobijo, decía a grito pelado, a un peligroso bandolero, y eso es un delito muy grave. Pero abu Eulogio, con un par de... tú ya me entiendes, lo negaba todo. Entre un burro y el sargento, sé quién es la bestia, quién rebuzna y cocea más fuerte. Han registrado todos los cuchimanes*[48] *y carricuecos*[49], *menos mal que no han encontrado nada, que si no, yo no estaría aquí ahora contándote esto.*

El abu está asotarrao[50] *en su cama y pálido como un calostro. No puede ni moverse, el pobre. Mi madre le ha aplicado una ontura*[51] *para el dolor y no ha parado de gemir. Pa mí, que tiene el costillar roto.*

---

43. Paliza.

44. Tortazo.

45. Golpe fuerte contra el suelo.

46. Persona con malas formas.

47. Irritado.

48. Lugares pequeños donde se guardan cosas.

49. Habitaciones y espacios pequeños. En este contexto, rincones.

50. Echado sin ánimo de levantarse.

51. Friega o masaje con ungüento.

¿Sabes? Le he puesto cara y nombre al diablo, se llama Chacón. Lo que no sé es cómo se colocará los cuernos debajo del tricornio para que no se le vean. Y el rabo.

Muy malafollá[52] *tiene quien haya chivado a los civiles lo del hombre del cobertizo.*

Serían las siete de la tarde cuando en la era paró el furgón de la guardia civil.

Bajaron seis personas, un sargento, un cabo y cuatro números. Caras conocidas, todas. Allanaron la casa (sin orden judicial, no les hacía falta, eran piezas fundamentales del rodillo que aplanaba a los desafectos al régimen político, y ellos lo sabían) irrumpiendo con gran estrépito de pasos y voces. El sargento Chacón, capote, tricornio y bigote engomado puntas arriba, señalando el norte como una brújula, fue derecho al dueño del cortijo y le dio tal puñetazo en la boca que lo derribó: ese fue su saludo.

Perplejos, Manuela y Miguelito contemplaban la escena desde un rincón de la sala. No podían hacer nada, lo sabían.

—¡*Cachocabrón*! ¡Tenías al Carretero escondido en tu casa y no me avisaste!

Medio incorporado Eulogio, otro sopapo lo devolvió al suelo. Le dolía más la rabia de no poder responder al golpe con otro golpe, de no poder defender su casa, a su familia, que el dolor físico del tortazo. Sufría viendo desde el suelo la cara aterrada de su nieto. Ese tipo de dolor cala hondo, se le llama impotencia.

—¡Déjelo, por Dios, lo va a matar! —Manuela, por fin salió del estupor y reaccionó.

—¡¿Matar?! ¡Eso es lo que se merece, de mí no se ríe *naide*!

52. Mala sombra.

Los cinco restantes estaban situados en corro, listos para intervenir si el agredido, cosa improbable, arremetía contra su superior.

—¡Venga, suéltalo ya, confiesa que el Carbonero estuvo aquí, o...!

—No sé de qué me habla.

Chacón, dirigiéndose al cabo:

—¡Vaya un viejo con un par de pelotas! —Miró de nuevo al cortijero y le dijo—: Habla. ¿O prefieres hacerlo en el cuartel?

Mantuvo Eulogio su línea de defensa, la de negar los hechos por fidelidad a sus ideales.

—No sé nada, de verdad, se lo hubiera dicho.

—Mi sargento —el cabo, en voz baja, casi un murmuro—, este hombre parece sincero, creo que dice la verdad. La gente habla mucho y no todo es cierto.

—Puede que tengas razón y solo sea un bulo. De todas maneras, vamos a echar un vistazo. Y como encontremos algo —elevando la voz, mirando a Eulogio—, como encontremos algo te llevo al cuartel, a ti y a tu familia. Y te aseguro que allí vais a cantar más que los *colorines*[53] de tu cortijo.

Hizo Chacón una señal a su equipo y se metieron por las dependencias registrándolas con gran estrépito y sin miramientos. Después se adentraron en la cuadra del mulo y de allí pasaron al corral. Dieron la vuelta por detrás y finalmente accedieron al cobertizo.

Eulogio, Manuela y Miguelito, en silencio, se miraban, con miedo en los ojos, esperando sentados el desenlace de la inspección. Habían oído hablar de los métodos de sugestión que empleaban las fuerzas de orden público en los cuarteles y no querían comprobar en sus propias carnes tales habladurías.

---

53. Jilgueros.

—Alguien ha estado en el cobertizo no hace mucho, ¿quién? —Chacón, con voz contenida, efectuado ya el registro—. El montón de paja presenta señales evidentes de haber sido utilizado por alguien para dormir.

—Claro, allí duerme don Heriberto cuando pasa la noche en el cortijo, que son *munchas* las veces —respondió Manuela en nombre de su suegro—. Esa es la huella que han visto.

—Dice la verdad —el cabo, corroborando las palabras de la mujer—, mi sargento, es aquí donde el maestro ese que va por ahí en bicicleta tiene montada su escuela. Alguna vez nos hemos cruzado con él por el llano.

—Está bien, ándate con ojo —a Eulogio, aunque extensivo al resto de la familia—, y si ves algún movimiento sospechoso por la zona ya sabes lo que tienes que hacer. Al Carretero lo matamos, pero toda su *catelfa*[54] aún merodea por aquí cerca.

Lo dicho.

—Viejo cabrón cabeza de alcornoque —mascullló Chacón, ojos fríos como la escarcha, al pasar por delante de Manuela y Miguelito, con la intensidad justa para que lo oyesen, como haciéndoles responsables, en parte, de la actitud del abuelo. El niño no pudo aguantar su mirada y agachó la cabeza; su madre, en cambio, se la devolvió con ira reprimida.

Nadie respiró tranquilo hasta que oyeron arrancar el furgón y Capitán dejó de ladrar.

Murió Eulogio en su cama esa misma noche, su viejo corazón no pudo soportar la vileza del allanamiento de su casa. De un puñetazo al mentón uno se repone, pero no es tan fácil si el golpe va directo a los reaños del alma, entonces el propio cuerpo pide tierra.

54. Caterva.

Capítulo 16

DUELO EN EL CORTIJO

Monótonas, persistentes, tañían las campanas de la iglesia de Gor anunciando la muerte de uno de sus hijos.

Al amanecer, ya habiéndose producido el óbito, don Heriberto repicó otra campana, la del cortijo, avisando que una terrible desgracia acababa de suceder en Los Junquillos. El corral Alto, Las Arenas, El Barroso y El Colorao, los cortijos más importantes de los aledaños que también disponían del mismo sistema de comunicación tomaron el testigo dando asimismo la voz. Pronto, desde Gor hasta Gorafe, desde Guadix a Baza, todos los cortijos se enterarían de la desventura.

Muchos fueron, en el altiplano, los que relacionaron el allanamiento de los guardiaciviles con la muerte de Eulogio Checa Pardo. Otros casos parecidos se habían dado; no terminaron en tragedia, pero sí en grave enfermedad, irreversible la mayoría. Mas no podían decirlo, no había otra. Ni comentar sus sospechas en voz baja, pues nunca se sabe cuándo hay cerca un fino oído al servicio de la administración del Estado. Y ese día había mucha gente en Los Junquillos esperando que llegara el cadáver de Eulogio, un referente en la zona. Poco a poco, la casa se fue llenando de familiares, amigos y compañeros de trabajo que venían de Gor, de las pedanías y de otros cortijos a honrarle con su presencia, pues diligente corrió la voz de cortijo en cortijo.

—¿Quién ha muerto?

—Eulogio, el de Los Junquillos, cerca de Cenascuras.

—¡*La vin!* Lo conozco. ¿Qué le ha pasado?

—Le dio un *apechusque*[55] y *la roscó*[56].

—¡*Cucha!* ¡Pues si estaba más sano que una manzana!

—Pues ya ves. Por la tarde fueron los civiles al cortijo y le dieron un meneo. *Pa* mí que murió de eso. Pero no digas nada, no sea que la liemos, que...

El cortijo se llenaba de gente; mayoritariamente, mujeres vestidas de negro esperando ver el difunto.

Se lavó el cadáver y se amortajó (pantalón negro y camisa blanca con botones negros, y zapatos). Al cabo, lo acostaron en su cama, donde yacería para ser velado hasta que llegaran los servicios funerarios. Si bien nunca fue hombre de misa, Manuela creyó oportuno hacer las exequias según el ritual cristiano, no quería líos con la Iglesia, y menos aún ser señalada por una sociedad rural que no perdona tan graves desacatos.

Quedó el muerto prontamente amortajado gracias a un par de mujeres expertas en tales menesteres que se prestaron a ayudar a la familia. Y solo cuando estuvo en perfectas condiciones de revista se permitió la visita a los allí presentes. Las mujeres entraban, ocupando las sillas de la sala que hacía las veces de comedor, arrimadas a la pared, dispues-

55. Mal repentino; un infarto, por ejemplo.

56. Murió.

tas a rezar rosario tras rosario. Los hombres pasaban a la habitación donde Manuela y Jenara, sentadas junto al cadáver, recibían su más sentido pésame. Seguidamente, salían al exterior a hablar de sus cosas, en corrillo. Jenara había preparado una olla del café que su marido, el recovero de Bácor, le había procurado para la ocasión tan especial, y los nuevos aparceros de El Corral Alto, el cortijo más próximo a Los Junquillos, habían traído una enorme perola con seis litros de caldo de gallina que se iba distribuyendo paulatinamente a los asistentes; la noche sería larga.

Y entre rezos y tazas, y entre tazas y rezos, las horas iban cayendo.

Algunas mujeres, mesmerizadas por el soniquete hipnótico de las plegarias daban cabezadas en sus asientos. Cuando el tedio las vencía salían al exterior a despabilarse, y que otra ocupe su silla y dé empuje a un nuevo rosario con su voz fresca. Otras tenían que regresar a sus hogares para atender a sus obligaciones, con niños pequeños y viejos a su cargo no se podían permitir permanecer muchas horas fuera de casa. Pero antes había que entrar a la habitación del finado a darle el pésame a la familia y excusar su ausencia.

—Bueno, me voy. Manuela, Jenarita, chicas, ya sabéis lo que tengo en casa. Siento *muncho* vuestra pérdida. —Dos besos a cada una—. Si necesitas cualquier cosa —dirigiéndose a Manuela—, cuenta con mi ayuda. Sé que es duro decirlo, pero ahora está en un sitio mejor.

—Gracias, Conchi, mujer, ya ha dejado de sufrir, el pobre. —Dos besos más.

—Nos vemos mañana, venga ese ánimo. *Condiós*[57].

57. Adiós.

—Si no puedes no vengas, Conchi, lo comprendemos. *Condiós.*

Sería alrededor de las once de la noche cuando Miguelito se escapó de la vigilancia de su cuñado (por expreso deseo de su madre, «no quiero que vea a su abuelo en ese estado, el *angelico*[58], hazte cargo de él, Felipe, y cuando te canses que se encargue don Heriberto, se llevan muy bien a pesar de las distancias»), y se coló en la habitación del abuelo. El niño iba vestido de luto riguroso, parecía un adulto en miniatura. Manuela había cambiado los botones de nácar de la camisa por otros de azabache que le trajo su hija nada más enterarse del desastre, y llevaba un brazalete negro en el antebrazo derecho. Había entrado de golpe y se paró en seco delante del lecho mortuorio, entre sorprendido y asustado, no aceptaba que aquel cuerpo que tenía delante fuera su *abu* Eulogio. Tendido en la cama parecía más pequeño, un muñeco de cartón mal pintado, una caricatura de sí mismo. La cara amoratada, especialmente la cuenca de los ojos, que estaba como vacía; la nariz, más larga y torcida; la boca, hundida, fofa, a causa de los dientes que saltaron cuando el puñetazo de salutación, con los labios oscuros y con escaras. Las manos duras como la madera, morenas del sol del altiplano, siempre activas, parecían de cera virgen, ridículamente cogidas a la altura del abdomen en una posición forzada impropia de él. Y su ropa perenne de trabajador del campo, ahora un traje negro que le venía una talla grande. Pese a estar bien amortajado por avezadas manos presentaba peor aspecto que el emboscado del cobertizo que el zagal vio muerto en el pórtico del ayuntamiento de Baza.

Totalmente vestidas de negro, sin un atisbo de color en sus ropas, sus cabezas cubiertas con sendos velos de tul con

58. Calificativo para quien produce compasión o lástima.

encajes, junto al cadáver, a la cabecera de la cama, haciéndole guardia permanente, nuera y nieta estaban, como dos sombras. Sentada en la silla, con las manos recogidas sobre el vientre, hacíase más evidente la preñez de Jenara, estado que sorprendió al niño cuando la vio esa misma tarde tras seis meses largos de ausencia. Exactamente desde el día en que se casó y se fue a vivir a Bácor, el pueblo de su marido. Los triquitraques del viaje no eran compatibles con su delicado estado de gestación (según prescripción facultativa), pues había sangrado varias veces y la palabra aborto rondaba en la mente de todos. Por eso no iba a Los Junquillos a visitar a la familia.

Tan sorprendido estaba el nieto de ver los despojos de su abuelo como Manuela de ver aparecer a su hijo de sopetón. Tanto que no supo qué decirle.

Fue Miguelito, él mismo, quien rompió el momento hipnótico, cuando después de aceptar la realidad le preguntó a su madre:

—¿Puedo darle un beso?

Manuela no contesta.

Tras un apagado sollozo asiente con la cabeza, que ya es bastante, sin mover los labios.

Al mismo instante en que el nieto se despide de su abuelo con un fugaz beso en la frente, la parte menos tumefacta de la faz, como si el destino fuera el guion de una película negra cesa de golpe el rosario.

Y quien a continuación accede en tromba al cuarto es don Heriberto.

—¡A que no sabéis quién ha venido! —Su cara alegre está fuera de contexto, no corresponde con la gravedad de la situación. Aunque la pregunta está lanzada a toda la concurrencia su mirada se centra en el nieto del difunto.

Detrás del maestro está la madre de Zequielillo, que ha podido desplazarse desde Baza en compañía de los familiares del difunto. Y detrás de la madre, solapado, fuera de escena, se encuentra su hijo, tantas veces echado de menos por Miguelito.

Los niños se abrazan y lloran juntos. Y cuando se rompe el abrazo salen al exterior, a contarse cosas, a pasear juntos por la alberca a la luz de la luna; y la estridulación de los grillos, y el zumbido de los mosquitos, y el croar de las ranas como músicas de fondo, recordando, reviviendo.

Olvidando por un momento la tragedia.

Los Junquillos de Cenascuras, 12 de junio de 1947.

Querido diario, a ti te cuento, a ti que me escuchas.

¡Quién iba a decirme a mí que el abu Eulogio sería mi tercer muerto, visto así de cerca! Sabiendo cómo fue su muerte tengo tanta rabia como pena en mi corazón. Las palabras de don Heriberto, siempre tan sabias, aliviaron mi pesar. Señor Checa, me dijo, en nuestras manos está el poder de perdonar pero no el de la venganza, para eso está la Justicia con sus leyes y sus penas, y si ahora no puede, con el tiempo pasará cuentas a los responsables.

La parte feliz de este día (no hay mal que por bien no venga) ha sido el regreso de mi amigo Zequielillo, su compañía ha hecho que mi dolor sea más llevadero.

Mañana será el entierro, me han dicho que vendrá muncha gente.

Capítulo 17

EL ENTIERRO

Así fue.

Porque vino gente de la comarca de Guadix, de Baza, de Gor y sus anejos, cortijeros de los aledaños, amigos y compañeros de trabajo. Unos andando, otros a lomo de mulo, o montados en bicicleta, hasta motorizados algunos; al margen de que Eulogio Checa Pardo era una persona muy conocida y su saga, prolífica, con ramificaciones en numerosos pueblos de la comarca. Su deceso se había politizado y muchos de los asistentes acudieron a las exequias como protesta callada por su muerte, que era la única forma de rebeldía que se podían permitir en aquellos tiempos infaustos en que lo que no estaba prohibido era obligatorio.

—Manoli, hija, ¿alguna vez te he pedido un favor? —Así le habló un día Eulogio a su nuera. Habían terminado de cenar y Miguelito estaba arriba, en su habitación, se suponía que durmiendo.

—Pues claro, ¿a qué viene eso ahora?

—No, a un favor gordo me refiero.

—Venga, dispare abuelo, que cuando se pone en plan misterioso...

—Mira lo que te digo, Manoli, como la dignidad se tarda toda una vida en conseguir y solo un momento en perder, no quiero que por una tontería se malogre. *Asine* que no quiero un entierro *engurruñío*[59]; no escatimes, quiero un entierro bien decente. En este sentido te digo que debajo del baúl de la ropa hay una baldosa que se mueve, de lo cual tú nunca te has dado cuenta. —Le guiñó un ojo—. Quítala y verás una bolsilla de cuero con cuartos que he estado ahorrando para cuando me llegue el día. Úsalos para el entierro, misas solo una, la primera. Y la última. Ya sabes lo que pienso de esas cosas. El dinero que le tienes que dar al cura te lo gastas en vino.

«Todos tenemos rarezas —filosofa Manuela, para sí—, pero esto me sorprende lo que no está escrito, cómo un hombre tan llano quiere un entierro tan lucido».

Más que decente fue el entierro, pues durante muchos años se hablaría del evento.

Hace entrada en Los Junquillos la «lechuza» fúnebre tirada por dos caballos zaínos, a las cinco de la tarde. El cochero, puesto de traje negro y sombrero de media copa, va al pescante, y en la parte trasera del coche, toda acristalada, se puede ver el ataúd. De momento, vacío. Si por el muerto fuere no llevaría ningún crucifijo en la tapa.

Entre cuatro personas llevan la caja a la habitación del difunto.

Miradas de asombro, nadie esperaba esta visión.

Los sollozos de los allí presentes aumentan de intensidad, especialmente los de Miguelito, que se pone delante del cuarto para impedir que se lleven a su abuelo.

---

59. Tacaño. En este contexto, pobre.

Con extremo cuidado, con todo el respeto que se merece, acomodan a Eulogio dentro de la caja (el cristal del coche la protegerá luego del polvo blanco, pegajoso, del camino).

A hombros, en medio de un silencio denso cuatro hombres llevan el féretro hasta la «lechuza».

«¡Arre!», azuza el cochero a los caballos y el cortejo inicia la marcha, lentamente, hasta el cementerio de Gor. A la zaga, detrás de la «lechuza» va el coche de respeto con Manuela, Jenara, Miguelito y Zequielillo presidiendo la comitiva.

Al inicio de la Cuesta del Matuete, camino de la iglesia, Miguelito echa un vistazo atrás y ve la carretera llena de gente. Coches, carros, bicicletas, caminantes.

Si por el muerto fuera el coche tomaría la bifurcación de la izquierda, la que muere en el cementerio.

Al pasar junto al cuartel de la guardia civil el séquito mira a la derecha.

Todos piensan lo mismo.

Nadie se atreve a decirlo.

Tanto miedo como dolor.

Capítulo 18

OTRO CHECA EN LOS JUNQUILLOS

Los Junquillos de Cenascuras, 15 de julio de 1947.

Querido diario, a ti te cuento, a ti que siempre me escuchas.

Ya soy tío, a Jenarita se le ha adelantado el parto. Mi madre dice que por el sofoco de la muerte del abu, que eso podría pasar y es lo que ha pasado. La verdad es que ha vuelto la alegría a casa.

Lamento que el abu no haya podido ver a su biznieto, porque ha sido niño. Y, ¿a que no sabes qué nombre le van a poner? ¡Pues claro, Eulogio!

Tengo que contarte otra cosa, antes que se me olvide, hay otro alumno en la clase, volvemos a ser siete otra vez. Se trata del Vicentico, de El Corral Alto. Tiene ocho años, pero parece que tenga seis de apollardao[60] *que está, el po-*

60. Tonto.

bre. No sabe jugar ni a las canicas. Tendré que enseñarle. Ahora juego con la Isidra, la de la cortijada de Las Arenas, un año menor que yo, que corre más que un zagal. Pero es muy cascarruleta[61]*, se pasa el día cascando, cascando, cascando... cascando sin parar. ¿Sabes esto?, ¿sabes aquello...? Que si esto, que si lo otro... Que si este, que si aquel. En fin, que si fuera cosa sería reloj de cuerda, pero de cuerda larga.*

Ya vale por hoy.

El recovero se encontraba en Los Junquillos, por eso mismo pudieron avisar a tiempo a Higinia Cuetos, la partera de Gor.

A las seis de la mañana se sintió molesta Jenara Checa. «Felipe, esto está en marcha», avisó a su marido, tenía unos horribles dolores de vientre, muy distintos a aquellos que tuvo al principio que le obligaron a guardar reposo una novena. La joven había decidido quedarse en Los Junquillos una temporada arrimando el hombro, a su madre le faltaban manos. Hasta el día de su muerte Eulogio llevó la dirección del cortijo, y ahora que no estaba se le echaba en falta. Tres frentes abiertos, pues, tenían: la casa, los animales y el campo; la educación del niño había quedado prácticamente relegada en manos de don Heriberto. «No se preocupe por Miguelito —le dijo a Manuela después del entierro—, yo me haré cargo, pienso tenerlo todo el día ocupado. Y cuando le haga falta en el campo me lo dice. Hasta yo mismo le puedo echar una mano si hace falta, que fueron muy buenos conmigo cuando más necesitado estaba».

61. Charlatana.

Al día siguiente del entierro, don Heriberto se presentó en el cortijo para, entre otras cosas, decirle al niño:

—Señor Checa, mañana reiniciamos las clases, así que vaya preparándose. Se acabaron las vacaciones. Le espero a las nueve y media en El Corral Alto. Ya sabe, en punto.

—En punto —repitió Miguelito, sonriendo, tenía ganas de volver a la normalidad y relacionarse con gente de su edad, pues últimamente solo era gente mayor la que aparecía por Los Junquillos.

—Los nuevos cortijeros de El Corral Alto —dirigiéndose ahora a su madre, explicando—, ¿sabe usted? Tienen un niño de ocho años a quien desean darle lo mejor que unos padres le pueden regalar a su hijo, una buena educación. Y... dadas las circunstancias, me han propuesto reanudar las clases en su cortijo. No reúne las condiciones de Los Junquillos, pero...

—Ni peros ni peras. —Manuela, un tanto molesta por el giro inesperado—. Si usted desea puede dar las clases aquí, como siempre. A mí no me molestan, al contrario, me gusta sentir la algarabía de la gente *menúa*[62]. Mejor cuanto más *bordoneros*[63].

—Pues... —dijo el maestro tras sopesar las palabras de Manuela—, por mí, encantado, así puedo echar una mano si hace falta, que aquí hay faena para dar y vender.

—Pues hala, no se hable más.

Sobre las diez de la mañana llega la partera en el camioncillo del recovero.

Don Heriberto, lee la situación y se lleva a los niños lejos de la casa, a observar la naturaleza, su especialidad didác-

---

62. Menuda. Es propio de este tipo de lenguaje omitir la D intervocálica. En este contexto, los niños.

63. Escandalosos. En este contexto, vivos, despiertos.

tica, pues será difícil de explicar que los gritos de Jenara se deben al parto.

Tantea Higinia con manos expertas el vientre de la futura madre. Su faz ceñuda se relaja. «Ningún problema —le dice, una comadre atendiendo a una primeriza en medio del campo es Dios mismo bajado del cielo—, viene de cabeza. Manoli, prepara agua caliente y trae paños limpios, date prisa, ¡ea, ea!». También se distiende el rostro de la joven abuela, sabe que en un parto sietemesino el niño podría venir de nalgas por no haber tenido tiempo de iniciar las maniobras para colocarse de cabeza; dudaba de los conocimientos técnicos de Higinia para practicar una cesárea y de las condiciones higiénicas de la habitación.

—Bueno, ¿preparada?

—Creo que... creo que sí.

—Bien, tranquilízate. Manoli, venga, el agua caliente y los paños. Vamos, prenda —dice, suavizando la voz, cuando todo está dispuesto como ella quiere—, empuja con fuerza.

Cuando el bebé corona, Higinia le coge la cabeza manejando la situación con la maestría propia de treinta años de experiencia, al tiempo que le da a la madre instrucciones precisas. «Empuja con fuerza... Para... Respira... Empuja un poquito más... Para... Respira... Venga, un último empujón y lo tenemos». Hasta que nace la criatura. Al instante se pone a berrear y a mover las extremidades con energía.

—¡Es un niño! —grita la abuela, emocionada.

—Sí, y precioso y sano —agrega Higinia—. Avisad al padre.

—Mi pequeño Eulogio —Jenara, dando a conocer públicamente su nombre.

Avisan al padre, al tío, a don Heriberto, y a los seis niños restantes de la clase que, callados y sonrientes, contemplarán embobados cómo lacta el nuevo habitante del altiplano.

—Eulogio Sánchez Checa, bienvenido a Los Junquillos —anuncia la abuela, dándole la bienllegada.

Luego, dirigiéndose a la joven madre añade esta sentencia:

—Pelo negro como el carbón e hirsuto como un erizo: Arnau auténtico —concluye, hay trazas de orgullo en su gesto.

Capítulo 19

MAESTRO Y PADRE

Don Heriberto hizo lo que prometió: tener ocupado a Miguelito. Desde las nueve y media hasta la caída de la tarde estaba totalmente entregado a las clases; además, a petición suya se haría cargo de la alfabetización de Vicentico el de El Corral Alto, pues había llegado prácticamente virgen de letra y número.

—¿Y qué hago con él?

—Lo mismo que hice con usted. Aunque usted ya tenía mucho camino andado.

—Sí, pero...

—Primero las vocales. Después las consonantes, poco a poco, empezando por las más corrientes: la eme, la pe, la ele, la te, la ese... A continuación las más difíciles: la equis, la zeta, la erre, la ce, la ge... ¿Me entiende? Y va formando sílabas.

—Y luego formo palabras. Y con las palabras, frases sencillas. Y juntando las frases, textos. Parece fácil.

—¡Aguante, aguante! —Riéndose de la impulsividad de su alumno—. No se venga arriba, no es tan sencillo. ¿Pero sabe lo que le digo?

—¿Qué?

Se agacha hasta alcanzar su misma altura.

Coge su cabeza con ambas manos.

Y le mira a los ojos antes de decir:

—Usted podría ser un buen maestro, señor Checa.

Aprovechando el corto espacio entre ambos el alumno le da un sucinto beso.

Por la tarde, después de la merienda empezaba la clase particular, con ilusión por parte del maestro y ganas por parte del alumno, pues uno y otro eran conscientes de los grandes progresos. Miguelito tenía en mente sacar a su madre de la pobreza. La veía todos los días bregar de sol a sol sin manifestar una queja, y sabía que todas las noches se acostaba reventada. La casa, los animales, el campo... Sonriente pero reventada. Y se hacía preguntas acerca del talante risueño de su madre. ¿A qué se debía su injustificado optimismo? Algo estaba pasando delante de sus narices y no sabía qué, no encajaba con la dura realidad.

También cumplió con su palabra don Heriberto cuando un día después del entierro brindó su ayuda a Manuela. Como ropa vieja había por casa, aunque no fuera de su talla, después de haber morado dos hombres en el cortijo durante mucho tiempo, los días que había trajín en el campo, «niños, la semana que viene no hay clase, empieza la aceituna», don Heriberto, el maestro, entraba en la habitación del abuelo y salía Heriberto el cortijero, sin complejos ni retraimientos, resuelto y campechano, a bregar. A bregar los tres, codo con codo, pues no había fondos para permitirse la contratación de jornaleros. Empezó vareando olivas y terminó arando con el mulo; y cavando agujeros de plantación, moviendo la tierra para nivelar el terreno y quitando las malas hierbas con la azada.

La relación entre los tres se hizo más cercana, hasta el punto que Heriberto aparcó el tratamiento formal y empezó a tutearles. El paso del tiempo estrechó aún más si cabe su vínculo con Manuela y terminó en enamoramiento. «Es que se veía venir», observó un día Jenara en una de sus visitas esporádicas a Los Junquillos, aprovechando los viajes de faena de Felipe, su marido; el pequeño Eulogio gateando por la casa. «Es un buen hombre —contestó Manuela a las reticencias de su hija—. Esto no significa que no me acuerde de tu padre».

Los Junquillos de Cenascuras, 19 de diciembre de 1947.

Querido diario, a ti te cuento, a ti que me escuchas.

Hoy tengo una noticia muy importante que darte: don Heriberto el maestro va a ser mi padre. Jenarita está un poco molesta porque se acuerda mucho de padre Armando, pero yo era muy pequeño cuando él murió y ya no recuerdo su cara. Estoy encantado, aunque aún no sé cómo le voy a llamar. Mi madre dice que como quiera. Está muy cambiado, ya no va tan estirado, se ha puesto ropas normales y parece más retotollúo[64]*.*

Estas navidades van a ser especiales, pues Jenarita ha prometido venir a pasar unos días en casa y podré jugar con mi sobrino.

64. Rejuvenecido.

Capítulo 20

ESTACIÓN DE VALENCIA

Poco cambio ha habido en el compartimento, las mismas caras. Esto lleva a que se sientan como una pequeña familia. La tensión inicial, lógica, ha dado paso a la confianza, tanto que algunos recordarán durante un tiempo los nombres y orígenes de sus compañeros de asientos de escay barato, cada vez más pegajoso, cada vez más incómodo. La hermandad entre ellos ha llegado al extremo de que duermen unos apoyados en los hombros de otros, impensable en otro contexto que no sea en el Catalán.

—¡Alfafar-Benetúser; próxima parada, Valencia!

Desde el fondo del pasillo el revisor despabila con su vocejón, cada vez más cascado, a los viajeros somnolientos. Si no ha pasado diez veces no ha pasado ninguna desde que salió Miguel de Guadix. Prácticamente a cada hora.

Tal como el celo del interventor en controlar el movimiento de pasajeros y el uso de las instalaciones, también encuentra chocante el viajero la continua presencia de la guardia civil pidiendo documentaciones, incluso el billete, a los viajeros aleatoriamente elegidos, pues variopinta es la fauna humana que en un momento dado coincide en el Catalán: trabajadores, excursionistas, emigrantes, turistas, militares; trotamundos, aventureros, vagabundos, peregrinos; mujeres, hombres, ancianos, jóvenes, niños, lactantes. Las súbitas irrupciones de los hombres del tricornio provoca el pánico en algunos pasajeros, que optan por lanzarse del tren en marcha aprovechando una minoración de velocidad al subir una cuesta, al tomar una curva cerrada o al acercarse a las inmediaciones de alguna estación. Van a la caza de «rajamantas», de prófugos y desertores del ejército, de personas fichadas bajo la ley de vagos y maleantes donde se engloba la prostitución y la homosexualidad, y de personas carentes de domicilio fijo. En resumidas cuentas, mucha gente puede tener fundados motivos para temerles y saltar del tren jugándose la vida. Y también de pasar largo tiempo escondidos en los nauseabundos retretes del Catalán, mugrientas las paredes, merdoso el inodoro, fétida la atmósfera. Deberían tener, las letrinas, un cartel en la puerta con la advertencia «solo usar en casos de extrema necesidad».

Y extrema necesidad es esconderse de la guardia civil cuando uno piensa que tiene fundadas sospechas.

—¡Valencia! ¡Media hora de parada!

Ni los más lerdos se creen las voces del revisor, Valencia es una ciudad importante y parará el tiempo que haga falta.

—¡Ja! Media hora que traducido al cristiano son cuarenta y cinco minutos. Y que no sean más.

Se acerca Miguel a la ventanilla para ver los primeros edificios de la ciudad, pero lo que ve es un complejo entramado de raíles, las casas quedan lejos, detrás de las huertas y las barracas. De la estación, ni rastro. Pierde la paciencia por las veces que se detiene el convoy y ver cómo otros trenes lo sobrepasan.

—¡Qué barbaridad! Hasta una carretilla tiene preferencia.

La ocurrencia de Alonso arranca media sonrisa a Miguel que le contesta, concluyendo:

—El Catalán es el tren de los pobres, hay que asumirlo.

—Cierto que sí. Cuando paremos supongo que no vas a quedarte aquí, esperando. Si bajas conmigo te invito a un café y te enseño una de las la estaciones más bonitas de España.

—¿Qué, cuánto falta para Barcelona?

—Ocho horas mal contadas.

—Venga ese café.

Con cinco andenes repletos de gente con bultos y maletas debajo de una enorme cubierta en forma de arco, con una abertura longitudinal que recorre la mayor parte de la nave para permitir la entrada de luz natural y facilitar la salida del humo de las locomotoras, se encuentra Miguel al pisar tierra firme. Hay mucho ajetreo en los andenes, algunos pasajeros corren a buscar asiento. Los que bajan del tren se ven frenados por una avalancha de gente nerviosa que quiere subir a ocupar los asientos vacíos, saben que no habrá sitio para todos. Los pasillos se han bloqueado y algunos sacan las maletas por la ventanilla con la ayuda de un amigo o familiar que tiene que esforzarse mucho para sujetar a pulso la carga sin que se les venga encima, ni perder el equilibrio.

Ya en el vestíbulo sonríe Alonso al ver a su compañero boquiabierto contemplando la decoración. Un alto zócalo de madera noble que remata en una cenefa de cerámica con motivos florales cubre un tercio de las paredes del local. En el festón reconoce el pasajero varios de los nueve idiomas con que Valencia da la bienvenida a sus visitantes, tantos como taquillas de madera en las que algunas personas hacen cola delante de las ventanillas de cristal esmerilado para sacar sus billetes.

La cantina está a la izquierda del vestíbulo; hacia allí se dirige Miguel, que le tomó la palabra a su colega.

—Espera, hombre —lo sujeta del hombro, sonriendo campechano—, dejemos lo mejor para el final. Salgamos fuera. Solo cinco minutos —añade, al ver duda en su cara—. Hay tiempo de sobra.

Delante de la fachada hay un gran patio descubierto cerrado por una verja de estilo vienés con bastantes coches y taxis aparcados.

—Mira a tu derecha, la plaza de toros. ¿Te gustan los toros?

—Nada.

La tajante respuesta hace que Alonso desista de acercarse al coso y explicarle un poco de historia, el estilo arquitectónico, o algunas anécdotas; no tendría sentido.

—Venga, date la vuelta y contempla la fachada desde aquí.

Observa admirado el pasajero la parte exterior de la estación. La fachada es un alarde de ingenio. Técnica y arte combinados de la manera más bella posible. Motivos vegetales, naranjas y flores de azahar representando la agricultura valenciana. Un sinfín de ventanales y puertas de acceso al recinto. Y en medio de todo, encima del portón principal, el reloj que marca la hora oficial; y arriba, en lo más alto, un águila con las alas extendidas como alegoría de la velocidad.

La velocidad que ni por asomo tiene el Catalán.

—¿Qué? Ya te lo dije. —Le da un codazo de complicidad—. ¿Te alegras de haber levantado el culo del escay?

—¡Impresionante! Quién diría que dentro hay una estación.

—Guarda tu asombro para cuando entres a la cantina.

Porque es la cafetería el local más bonito de la Estación del Norte. La decoración de la sala la componen paneles cerámicos con escenas alusivas a la agricultura valenciana, paisajes emblemáticos y secuencias costumbristas encima de un zócalo alto de madera similar al del vestíbulo. Incluso el techo luce decorado con azulejos. Todo es color y luz, como un cuadro de Sorolla.

—Venga, brindemos.

—¿¡Con café!? —ríe.

A la mente le viene a Miguel el estrambótico brindis con agua del manantial de la alberca de Los Junquillos, cuando su padre, después de despotricar contra el Régimen mezclando la dureza con el sarcasmo, fiel a su estilo, propuso en medio de la cena: «Brindemos con agua, pues no hay otra cosa. ¡Porque el holocausto del franquismo sea rápido y contundente! ¡Y porque el Botijo sin Pitorro reviente como una espinilla!». Miguelito le siguió el juego y brindó porque le divertía la situación viendo a sus padres reír felices. Aunque no se enteraba de nada.

—Con café, qué más da. Si algún día nos vemos por Barcelona celebraremos nuestro encuentro con champán catalán. Pero hasta entonces... ¡Levanto mi taza por los buenos maestros!

—Por los buenos maestros.

—¡Y por nosotros!

—Por nosotros, ¡ea!

Mira Miguel, de soslayo, su reloj de pulsera después de tomarse un café incompatible con la belleza del lugar, por su pésima calidad y su precio abusivo. Por suerte para el café, el brebaje será recordado siempre por el estrafalario brindis, y por ir adjunto a uno de los edificios públicos más bellos que rememorará el viajero.

—Tranquilo, nos sobra tiempo. Demos un garbeo por la terraza, tiempo tendrás de sentarte.

Subiendo ya al coche oyen la voz del jefe de estación:

—¡Viajeros al tren! —cantando las palabras con soniquete ferroviario, levantando el banderín enrollado al mango y tocando el silbato.

La locomotora resopla regalando a Valencia sus primeros chorros de vapor y carbonilla después de cuarenta minutos de inacción: el Catalán se pone en marcha.

Nota el viajero un ligero aumento de velocidad, la llanada de la huerta valenciana facilita al tren un ritmo vivo y sin triquitraques. El suave colorido del paisaje provoca a los ocupantes del compartimento una suave y contagiosa modorra. El asiento de gutapercha diría que parece más cómodo y menos pegajoso. Se está adaptando al medio, piensa con sorna el viajero.

El silencio empuja a Miguel al letargo, y con la media cortina que por ubicación le corresponde improvisa una suerte de almohada, tenue, insuficiente para absorber las vibraciones de la pared del coche; aun así, cae vencido por el sueño.

Capítulo 21

EL MAR

Una algazara de voces, aplausos y risas despabila al viajero.

—¿Qué pasa ahí afuera? —Miguel.

—¿Has visto el mar alguna vez? —Alonso, a modo de contestación.

—¡El mar! No me digas que...

Por las palabras y la expresión de la cara, sabe Alonso que su vecino no lo ha visto nunca. Por eso le dice, animándolo:

—¡¿A qué esperas?!

A paso vivo, nervioso, sonriente sale de la estancia.

Hay una ventanilla libre, se ve la sombra del tren cada vez más oblicua y alargada. Su primera maniobra: bajar la hoja de cristal al máximo y sacar la cabeza. Esta acción le trae a la mente palabras de su madre en la estación de Guadix: «No asomes la cabeza por la ventanilla, es muy peligroso, mira lo que le pasó al Torcuato, no hace falta que te lo explique». Pero está seguro de que ella haría lo mismo si estuviera en su lugar en este preciso momento.

Hay más cabezas asomadas por las ventanillas, constata.

«*¡La vin!*», exclama sin poderse contener, ni por asomo se parece a lo que imaginaba. El mar es mucho más grande, y el azul de sus aguas tiene trazas de verde. Es infinito, en el horizonte se junta con el cielo. Y huele de forma peculiar: a sal, a peces, a algas, a arena mojada. Sabe el viajero, porque es vasta su cultura, que ese olor se llama maresía. Pero nunca lo ha percibido, no lo suponía así, tan fuerte. Húmedo, único. Si no fuera por el sonido persistente de carraca metálica del tren, también podría oír el graznido de las gaviotas, y el de las olas al romper suaves contra las escolleras, mecidas por el viento.

Lleva su vista a la deriva entre las aguas mansas hasta visualizar una pequeña embarcación que faena cerca de la costa. Y de allí, a un navío que da la impresión de que está parado en lontananza. Y del navío a la playa, donde un grupo de bañistas le roban sus últimos rayos al sol tendidos en las esterillas. Como a cien metros de ellos, dos pescadores matan el ocio intentando capturar algún pez que llevarse a la sartén.

—Doradas.

Tan absorto está Miguel contemplando el paisaje que no ha advertido la presencia de Alonso a su espalda.

—¿Qué? —Sorprendido.

—Que es muy probable que estén pescando doradas, abundan en esta costa. ¿Las has comido alguna vez?

No le responde porque se ha vuelto a embelesar.

A ojo cerrado, degustando la maresía, recuerda una de las primeras clases de su maestro, cuando por primera vez le habló del mar.

—Es algo increíble, precioso, una enorme masa de agua salada y azul.

—¿Cómo de grande? ¿Más que Los Junquillos?

Ríe el maestro.

—Más de un millón de veces y me quedo corto.

—¿Eso es mucho?

—Mil veces mil.

—*¡La vin!*

—Señor Checa, en mi presencia le exijo que no suelte improperios. A propósito, ¿sabe que la palabra mar es ambigua? —No se para a escuchar la negación de su alumno porque lo da por hecho, es una pregunta retórica con intencionalidad didáctica—. Pues sí, se puede escribir con género masculino o femenino. Los marineros, que la quieren mucho porque es su medio de vida, dicen la mar, no el mar.

Mira el viajero a su derecha y de repente recuerda que Alonso le había formulado una pregunta.

—No. No he comido doradas. Y tú, ¿has comido carpa?

—¿Eso se come? —Con cara de grima.

—Se come. Y si la pesca uno mismo está mucho más rica.

Se vuelve a abstraer Miguel, solo un instante, el suficiente para recordar a su maestro diciendo «España limita al este con el mar Mediterráneo», el que tiene ahí delante. Al cabo, le dedica una sonrisa a su compañero que podría calificarse como de gratitud por haberle avisado a tiempo.

De vuelta al compartimento, aprovechando que el pasajero que tenía a su derecha se apeó en la anterior estación, se arrellana en el asiento dispuesto a releer la anotación que hizo aquella noche sobre el mar, en su diario.

Retrocede hasta las primeras páginas.

Los Junquillos de Cenascuras, 13 de mayo de 1945.

Querido diario, a ti te cuento, a ti que me escuchas.

Hoy me ha dicho don Heriberto que España está rodeada de agua por todas partes menos por una, donde hay unas montañas más grandes que la sierra de Gor que se llaman los Pirineos. ¿Te lo imaginas? ¿Rodeada por una balsa más de mil veces mil más grande que la de Los Junquillos? ¿De agua salada? ¿Con barcos más grandes que esta casa? Pues yo no. Eso es imposible. Y se lo he dicho. Y él me ha contestado: cuando seas mayor, algún día verás el mar y me darás la razón.

Espero acordarme de él cuando vea el mar, que yo tengo buena memoria.

Capítulo 22

HAMBRE

El tren va perdiendo velocidad.

El viajero se despabila y bosteza estirando los brazos y las piernas todo lo que el reducido espacio le permite. Observa, por la ventanilla de la izquierda, cómo al oeste las sombras de una cadena montañosa se van acercando a la vía. Aún queda luz suficiente para disfrutar del paisaje. Con un aura de tonalidades amarillas, naranjas, rojas, carmesíes, púrpuras y añiles se va despidiendo el sol, sin prisa, lentamente, pintando sin pinceles el cielo de Castellón y las montañas de poniente. La lucha diaria entre el día y la noche desata chispas de colores. Por estribor; azul oscuro que va derivando a plomizo, y la luna que pugna por salir. Aunque esto no lo ve Miguel, tiene la mirada puesta en el lado contrario, en el ocaso, absorto, disfrutando del mayor espectáculo del mundo.

—Mañana, aire.

La voz cascada le hace girar la cabeza. Es una persona mayor, más o menos de la edad que tenía su abuelo cuando murió. Viaja solo, sin equipaje. Subió en Torreblanca. Hasta ahora solamente ha abierto la boca para saludar y preguntar si queda alguna plaza libre. Lo que le hace suponer que el hombre irá de visita. Y que conoce bien el terreno, esto incluye los fenómenos atmosféricos.

—Cuando el cielo pinta así, no falla; al día siguiente, aire de poniente —le explica a Miguel, pues es el único de los allí presentes que se ha girado para escucharle—. ¿Va usted a Tarragona?

Al parecer, quiere conversación.

—No, a Barcelona. —Escueto, tajante, en este momento no desea departir, prefiere ver el lienzo de colores que cualquier afamado pintor ya mismo firmaría.

Se da cuenta el señor que la atención del viajero se centra en observar por la ventanilla. Por eso le dice:

—Verá usted lo que va a pasar dentro de un par de minutos, ocurre todos los días.

El vaticinio es escuchado por las personas que ocupan el compartimento y todos, sin excepción, miran hacia la ventanilla (algunos estirando el cuello), como si fuera la pantalla de un cine.

Sonríe el personaje al sentirse protagonista.

Han pasado cinco minutos y nada importante ha sucedido, salvo que el tren ha perdido más velocidad. Hasta pararse.

Vuelve a arrancar con lentitud pasmosa, a paso de anciano; al parecer, la vía está en reparación y lleva tiempo en ese estado.

—Ya va —dice.

Algunos pasajeros se levantan de sus asientos para ver mejor.

—¡Empieza el espectáculo! —Teatral, efectista, su porte le recuerda remotamente a Miguel a Aquiles, el director del circo Trestorres, con menos categoría.

Varias personas que bajaron hace un momento, ahora llenan sus cestos de melocotones sin perder de vista el tren y sus cambios de velocidad. Algunos, pocos, los más atrevidos, llevan sacos de arpillera de mediana capacidad. No les importan las miradas, ni las palabras de reproche que les dirige la gente desde las ventanillas. Solo piensan que detrás tienen una familia que mantener, y no es fácil.

Y es que el hambre aún no ha desparecido en España, esa es la realidad nacional. Ni el mercado negro, a pesar de la fecha en que estamos. Hay una leve sensación de mejora, pero la pobreza aún persiste. Y si no, que se lo pregunten a los centenares de personas que viajan en el Catalán con la maleta a cuestas y las cestas de mimbre, huyendo de la miseria. En 1952 se puso fin al racionamiento de alimentos de primera necesidad y los españoles pudieron comprar libremente algo tan básico como pan de harina de trigo. Pero el hambre perduró, no todos tenían dinero, los jornales eran pocos, largos y baratos.

—¡¿Pero qué hacen?! —Alonso, sorprendido. Es una pregunta retórica porque sabe la respuesta.

No obstante, será Miguel quien le responda.

—Hambre.

—Exactamente —apoya el señor mayor su argumento—. ¿A ti —dirigiéndose a Alonso, y en extensión al resto de la concurrencia, que ha optado por permanecer callada, oyendo, observando, sacando sus propias conclusiones— nunca te han sonado las tripas como un pandero? Si dices que no es que vienes de Marte.

Sí que le han sonado las tripas a Miguel, que recuerda con un deje de tristeza los peores años de su infancia, cuando, tras la desaparición de Eulogio y Jenara viviendo en Bácor, su madre no podía atender las tierras, y a duras penas los animales del corral.

La casi totalidad de la producción del cortijo, salvo una pequeña cantidad para consumo propio, iba destinada al mercado negro, al intercambio por otros alimentos de primera necesidad como podían ser harina, aceite, arroz, legumbres, patatas, boniatos, bacalao, arenques, azúcar y jabón. La carne y los huevos, fuera de los días señalados, pasaban de largo en la dieta de Miguelito, que volvió a quedarse escuálido como cuando se deprimió por la ausencia de su gran amigo y tuvo que ser tratado por Doña Pepa, en Las Juntas.

Como todos los cortijeros, Miguelito se licenció en hierbas silvestres y Manuela en cocina del hambre. Cuando la gazuza aprieta, en idéntica medida crece la imaginación; simplemente, un mecanismo de supervivencia. Y esta madre (como todas las de su época) era capaz de cocinarle a su hijo la mejor tortilla de patatas sin huevo ni patata, sustituyendo el huevo por harina, bicarbonato y agua; y la patata, por la parte blanca de la corteza de naranja, previamente hervida y luego frita. Mientras tanto, Miguelito llenaba la despensa de cerrajones, dientes de león, collejas, tagarninas, berros, acederas, verbajas y verdolagas. Y de pajarillos, ranas, carpas, tencas y topillos. Cuando se presentaba la ocasión, Manuela dejaba el niño al cuidado de don Heriberto y salía a recoger esparto, o a echar un jornal en algún que otro cortijo, el campo se le daba bien y conocía todas las faenas. En El Corral Alto, el señorito tenía la costumbre de regalar a los trabajadores medio pan, y a veces hasta un quilo de garbanzos (a pesar del precio exorbitado que alcanzaban en el mercado negro); mientras que el dueño de Las Arenas abusaba de los jornaleros pagándoles menos salario o haciéndoles trabajar más de la cuenta, pues lo primero que hacía antes de empezar la faena era guardar sus relojes en una bolsa. Y si alguien no estaba de acuerdo y reclamaba sus derechos, puerta grande con él y no te quiero ver más por aquí. Por eso y otras cosas, a pesar de ser un cortijo humilde, Eulogio mandó construir en Los Junquillos una espadaña en lo alto de la fachada de la casa, tal como en las grandes fincas, para orientar en el tiempo a los jornaleros a toque de campana.

Cuando Heriberto tomó las riendas del cortijo empezó una época de relativa bonanza para sus moradores. Pero desgraciadamente, este período escaso tiempo duró.

Decía Heriberto, pues era de los pocos que se atrevían a hablar de política, que la hambruna se debía al sistema autárquico de Franco y a la corrupción de sus funcionarios, que mientras una mayoría de españoles empobrecía, enfermaba o moría de hambre, otra minoría se llenaba el buche y los bolsillos a su costa. Las calles de los pueblos y las de las ciudades estaban llenas de niños desnutridos, de hombres famélicos y de ancianos enfermos de avitaminosis, tifus o tuberculosis. Y se ponía rojo de ira, y olvidaba la mesura y el decoro echando pestes del gobierno de Franco, a quien llamaba Botijo sin Pitorro, él, siempre tan flemático que nunca perdía la compostura. Hasta el punto de que Manuela, convertida ya en su pareja sentimental, tenía que frenarlo y advertirle del peligro que suponía que algún adepto al régimen escuchara sus palabras. Mira lo que le pasó a este, o mira lo que le pasó a aquel, por *cascarruleto*, que cualquier día se te llevan al cuartelillo y te hinchan a hostias, y te dejan hecho una mierda. Y qué será de nosotros sin ti, otra vez a padecer, y a pasar hambre, ¿o es que ya no te acuerdas?

—¡Qué pérfido, el sacrosanto Botijo sin Pitorro, chiclán de voz aflautada y mente bífida cuya estatura es inversamente proporcional a la magnitud de su malevolencia! El mismísimo diablo con gorra de plato e insignias de general, es. —Solo Manuela sabía que se refería al Jefe del Estado, ya en anteriores ocasiones había usado esos apelativos. Con este lenguaje rimbombante recuperaba la imagen del hombre docto que de vez en cuando afloraba—. ¿Por qué el *pitraque* no sube de precio? —Como sabía que nadie iba a responderle, él mismo se contestaba—: porque le interesa que la gente se olvide del hambre... Y de las penas. Y de las calamidades. Y de... España está llena de enfermos, putas y borrachos. Y de gorras de plato y sotanas, otra calamidad. Se cree el Enano Saltarín que eterno es el poder, *sine die*[65]. No, el mal es efímero, *memento mori*[66]. Tarde o temprano caerá la breva. Y cuando caiga... Cuando caiga sonarán los tapones de las botellas de champán. Y risas... Y aplausos... Y canciones... Volverá a reír la primavera, como dice su canción favorita. —Burlesco, en clave de parodia se puso a cantar a voz en cuello, brazo en alto y extendido, una estrofa del himno falangista, terminando el remedo con una sonora carcajada. Si no fuera por su aversión al alcohol diríase que iba achispado. Solo se trataba, sin embargo, de una explosión de tristeza, esa era la causa.

—¡No chilles tanto, por Dios! No digas esas cosas. Cualquier día vendrán a por ti como sigas por ese camino.

—Miedo. Esa el arma más efectiva del Hombrecillo. Pero yo solo digo en voz alta lo que todo el mundo piensa y no se atreve a decir.

65. Sin día, para siempre, sin fecha de caducidad.

66. Recuerda que morirás.

Capítulo 23

LA HISTORIA SE REPITE

Volvió a suceder, por la noche fue, durante la cena, cuando Heriberto sacaba a colación el tema del reparto de alimentos.

Estaba enfadado, hablaba con grandes aspavientos de un suceso acaecido esa misma mañana en la cola del racionamiento. Últimamente se enfadaba con demasiada frecuencia. La imagen de un Heriberto ponderado, seguro de sí, cumpliendo a la perfección el rol de maestro rural, iba quedándose atrás, solapado por otro Heriberto nervioso, afectado por la situación político-social del momento. Aunque, eso sí, ni un atisbo de adoctrinamiento en las clases de los siete, procurando siempre mantener a los niños al margen de la política, por ética profesional y por prudencia. Ni un simple comentario con segundas intenciones, que a veces un niño malinterpreta las cosas y tergiversa el asunto cuando lo cuenta en casa, con el peligro que eso conlleva. A la hora de impartir clases procuraba ser el don Heriberto de siempre, con su flema impostada y su traje cada vez más ajado.

—Esta tarde ha habido jaleo en la cola del reparto, ¿sabes? —Heriberto, torva la expresión.

Ningún comentario por parte de Manuela. No quería ir por ese camino, sabía dónde iba a llegar.

—Al pequeñillo ese, ¿cómo se llama...?, que no tiene ni media leche. Sí, hombre, sí, el encargado del reparto —chasqueando los dedos varias veces, y mirando hacia arriba, como buscando en el aire la respuesta—, pues se le ha ocurrido la brillante idea de anunciar, en la mismísima cola, que se estaba acabando el arroz. Que no habría para todos. Ya ves tú, qué prodigio de la naturaleza. Y al oír esto, pues claro, tres o cuatro mujeres se han enzarzado en una pelea y han tenido que venir los civiles a separarlas. Y es que el hambre saca a la luz lo peor de las personas.

El «pequeñillo» a quien Heriberto se refería en tono peyorativo, era un funcionario de la Delegación Provincial de Abastecimientos y Transportes de Granada que supervisaba el reparto de los alimentos procurando que cada persona recibiera la ración estipulada. Y quien controlaba el debido uso de las cartillas, porque la escasa cantidad de alimentos a repartir originaba todo tipo de altercados y triquiñuelas. Como en la guerra y en el amor, todo era válido por tal de conseguir comida. Hecha la ley hecha la trampa: se falseaban las cartillas, con miga de pan se borraban los sellos que ponían los gobernadores civiles de cada región en los cupones, y si fallecía algún miembro de la familia se ocultaba su muerte para continuar usando su cartilla. Incluso el mismo Heriberto, que tanto criticaba el sistema injusto de reparto, insinuó en su momento utilizar la cartilla del abuelo Eulogio; que cuando el hambre acucia, los cimientos éticos del individuo se desmoronan. Tal era la situación de poder del «pequeñillo ese del reparto» que los lugareños comentaban que aceptaba favores sexuales de algunas mujeres del pueblo a cambio de raciones extra de alimentos. Aunque, todo hay que decirlo, esta hablilla nunca se llegó a demostrar.

—No digas esas cosas delante del niño.

—Miguelito ya es suficientemente mayor como para saber lo que está pasando, que hay más mundo al otro lado del cortijo.

—Pues no lo recalques con tanto detalle.

—Está bien, puede que tengas razón. Aquí en Los Junquillos somos unos privilegiados, tenemos comida. En las ciudades —dirigiéndose a Miguelito—, allí sí que las pasan canutas de verdad.

—Anda, cambia de tercio y disfrutemos de la cena, que *munchos* quisieran tenerla, como tú bien has dicho.

No pudieron disfrutar de la cena porque en ese instante llamaron a la puerta haciendo sonar la aldaba con inusitada fuerza. Dos toques que torcerían las cosas.

—¿Quién será a estas horas? —Manuela, con trazas de alarma en la voz.

—Ve tú, Miguelito, haz el favor —Heriberto, con voz que pretendía ser normal pero sonaba un tanto nerviosa.

Liberó el niño la cadena de seguridad de la puerta y, como tenía por consigna, preguntó antes de abrir:

—¿Quién es?

—¡Abran a la guardia civil!

Se pusieron tensos.

Miguelito miró a su madre, que asintió con la cabeza, y Manuela miró con dureza a Heriberto que estaba lívido y mudo, transmitiéndole el mensaje no verbal: «ya te lo advertí, y tú ni puñetero caso».

—¿Don Heriberto Sánchez de la O? ¿El maestro?

Se levantó Heriberto de la silla para responder, aparentando un aplomo que lejos estaba de tenerlo:

—Yo soy, ¿qué desean ustedes?

—Nada importante, solo comprobar unos datos —respondió el guardia que parecía llevar la voz cantante.

—¿Qué datos?

Manuela y Miguelito continuaban inmóviles sin creerse lo que estaba pasando, recordando la noche en que vinieron a interrogar a Eulogio y lo que el visiteo conllevó.

—Nada, no se preocupe, simple rutina.

Se atrevió a sonreír el guardia y esa sonrisa farisaica relajó los ánimos de la concurrencia.

—Venga pues, pregunte usted lo que quiera.

—Lo siento, no tengo autoridad para interrogarle, tendrá que acompañarnos.

—¿A dónde se lo llevan? —Manuela, angustiada, temiéndose lo peor.

—A Guadix. Pero no se alarme, señora, tan pronto se pueda lo traemos de vuelta al cortijo. Mañana, como mucho tardar. Yo solo cumplo órdenes, y las órdenes que tengo son esas.

—¿Cojo algo de ropa? —Heriberto, acordándose de la detención del recovero, pues dijeron que sería por poco tiempo y regresó al día siguiente hecho un cristo y aterido de frío.

—Nada, no se alarme. Cuanto antes nos vayamos antes volveremos.

Las palabras y la actitud de los guardiaciviles más o menos tranquilizaron a Manuela y Miguelito, pues nada tenía que ver esta irrupción con el allanamiento perpetrado por Chacón y los suyos, el que le costó la vida al abuelo.

Nunca regresó Heriberto al cortijo, pese a la promesa del guardiacivil.

Al día siguiente, desde la centralita de Gor pudo hablar Manuela con su hija.

—No se preocupe, madre, si hoy no lo traen, mañana o pasado nos vamos en el camioncillo del Felipe a por él a Guadix. Ya verá usted como todo se arregla.

Nada se arregló.

Ese día no lo trajeron.

Ni al siguiente.

Ni al otro del siguiente.

En el cuartel de Guadix se enteraron de que se lo habían llevado muy lejos, esposado. Un juez de Barcelona, al parecer había cursado una orden de arresto contra el maqui Heriberto, un peligroso asesino que merodeaba por la sierra de Baza, y lo reclamaba en la ciudad condal para ser juzgado según la Ley de Vagos y Maleantes, una de las herramientas básicas que el sistema utilizaba para reprimir las disidencias.

Nunca más volvió Heriberto a Los Junquillos.

Con el tiempo, Manuela supo (gracias a la gestión de su hermano Andreu, que movió cielo y tierra hasta encontrarlo) que había estado preso en la cárcel de Montjuïc, también por error, lo mismo que Armando. Y que el maqui conocido como Heriberto había huido a Portugal perdiéndosele el rastro. Se repetía la historia.

Tres semanas estuvo Miguelito sin escribir en su diario después de haber encajado que Heriberto, su maestro, su amigo, su padre, su mentor, había desaparecido para siempre de su vida. Constantemente su imagen acudía al pensamiento. Le abordaba la nostalgia de los momentos felices pasados en el poyo, dando clase; en la alberca, observando la vida de los seres, que también se merecían su debido respeto; en la era, organizando juegos de grupo; en el corral, sacando estiércol; en la mesa, hablando de política; junto a la lumbre, contándole cuentos.

Por fin se atrevió:

Los Junquillos de Cenascuras, 15 de junio de 1948.

Querido diario, a ti te cuento, a ti que me escuchas.

He pasado unos días muy malos, los civilones se han llevado a padre Heriberto y ya no ha vuelto a casa. Nos engañaron. Nos engañaron porque dijeron que lo traerían al día siguiente y se lo llevaron a Barcelona, a la otra punta de España.

Para mí que se lo han cargado.

Ya está, se me han ido las ganas de escribir.

Te dejo porque he de estudiar, la semana que viene tengo la Prueba de Ingreso en Guadix. Yo no he hecho un examen nunca, no sé de qué va eso, pero padre Heriberto, antes de marchar me dijo que no tuviera miedo, que iba sobrado. Y que ese sería el primero de los muchos exámenes que haría en mi vida.

Ya ves, ya no digo munchos. Te prometo que no voy a hacer ninguna falta de ortografía en el examen.

¿Sabes?, cuando me quedé otra vez sin padre pensé no presentarme a la prueba, no tenía ganas, pero mi madre me convenció. Hazlo por él, me dijo, y por el abuelo, que también estaría orgulloso de ver a su nieto con carrera. Así que no pienso defraudar a nadie. Por eso, después de ha-

blar contigo voy a estudiar antes de dormir, aunque sea una mijitilla.

Espero que la próxima vez que nos veamos tenga mejores noticias que darte.

Capítulo 24

EL INSTITUTO

Busca refugio Miguel en el pasillo para escapar de sus recuerdos. Momentáneamente, todavía falta un buen trecho para llegar a su destino y el diario lo mantiene atrapado. Aún hay luz por levante para curiosear sin esforzar demasiado la vista. Pero el paisaje es monótono y pronto deja de interesarle. Por eso centra su atención en lo que sucede en el interior del vagón. Justo delante, un grupo de tres soldados, entre risas, cuchicheos y codazos de complicidad, traman una estrategia para sentarse en uno de los compartimentos, que no sería ningún problema si no estuviera ocupado al completo. Por la rapidez con que se han puesto de acuerdo, entiende que no es la primera vez que llevan a cabo argucias como esta. Cree saber Miguel cuál va a ser la maniobra, por los gestos y algunas palabras sueltas, y ríe por adelantado.

Entran los soldados en el compartimento rascándose de forma ostensible, llamando deliberadamente la atención, la cara seria y sin mirarse entre ellos para que no les dé la risa.

Al parecer, la picaresca ha funcionado, porque al instante salen seis personas huyendo con precipitación por temor a contagiarse de unos piojos inexistentes. Un minuto más tarde, sin tapujos, se oyen adentro las risas de los soldados y de las personas que optaron por «resistir a la infección».

Sonríe Miguel, y ante la idea de pasar un rato divertido entra al compartimento para ocupar una de las plazas que han quedado vacantes.

—Buenas, ¿puedo?

—Hombre, si no tienes miedo al contagio...

Vuelve a reír la concurrencia, a pierna suelta. Los soldados, aunque solo le llevan un par de años, parecen mucho mayores que él. Tienen un extenso bagaje de vivencias, de anécdotas, y de chistes que contar; hasta que bajen en Tarragona, la gente que se cruce en su camino tendrá la juerga asegurada. Pertenecen al Batallón de Cazadores de Montaña Arapiles 62 con sede en La Seu d'Urgell, con más de dos siglos de historia, dicen con orgullo al presentarse, y van a incorporarse a su destino después de disfrutar de ocho días de permiso.

—Mejor contento que amargado —dice uno, ante la idea de regresar de nuevo a la vida militar—, ¿no crees, *granaíno*?

—Siempre.

Sale el *granaíno* del compartimento del jolgorio con el ánimo restaurado dispuesto a volver a su sitio después de haber estado escuchando un sinnúmero de chascarrillos, de haber soportado bromas graciosas, y de haber aplaudido magníficas imitaciones de voces y gestos de mandos militares, desde sargentos hasta el mismísimo comandante en jefe del batallón. Hace más de una hora que levantó el trasero de su cada vez más pegajoso asiento y probablemente sus vecinos, especialmente Alonso, se estarán preguntando qué le habrá sucedido.

Con el semblante distendido y media sonrisa en los labios recupera Miguel su plaza y se dispone a enfrentarse a su diario, aun sabiendo que se avecinan tiempos infaustos lejos de Los Junquillos. Pero quiere revivirlos. Quiere notar en su entresijo la añoranza amarga del altiplano. En cierto modo, necesita recuperar su infancia, o al menos en parte. De los llanos de Gor a la Hoya de Guadix el salto es grande y al caer salió malparado. Pero no hay herida que el tiempo no cure, aunque los huesos del alma no queden bien ensamblados.

Guadix, 15 de junio de 1948.

Querido diario, a ti te cuento, a ti que me escuchas siempre.

Mil veces me arrepiento de haber abandonado Los Junquillos. Ahora, desde la distancia, me doy cuenta de que allí fui feliz. Debería haberle dicho a mi madre que mi futuro no estaba en los estudios sino en el campo, llevando el cortijo tan bien o mejor que el abu. Aquí en la cueva me falta el aire que me sobraba en el altiplano, el agua de la alberca, el espacio de la era, los gallinos del corral, los árboles, los animales, las hierbas comestibles; las voces de la abubilla, del cuco, del abejaruco, del mochuelo, de los grillos, del perro Capitán anunciando la llegada de un desconocido, del mulo Purasangre reclamando comida fresca, de los gatos Misino y Pelúo peleándose por un corrusco de pan, y de la cabra Cornelia reclamando ser ordeñada. No es que esté mal en la cueva, pues es grande y acogedora, es lo que no tengo lo que añoro.

Afuera, en la barriada, hay muchos niños de edades parejas a la mía, y nos pasamos el tiempo libre jugando en el descampado. Pero echo en falta a mis seis compañeros de clase, muy en especial al Vicentico, el del Corral Alto, que ahora en la distancia no me parece tan pajuato[67], a quien enseñé a leer y escribir, sumar y restar; y a multiplicar no porque no me dio tiempo. Y a la Isidra, la de Las Arenas, que corría más que una liebre, y que tiraba mejor que yo las piedras a la manganeta[68] sobre la superficie de la alberca y que me gustaría ahora mismo oírla de nuevo cascar de unos y de otros. Y cómo no, a mi amigo Zequielillo, mi hermano, con quien tan buenos momentos he pasado y tantos secretos al oído nos hemos contado, y tanto hemos reído y llorado juntos, y que ahora admito que se llama Ezequiel, como decía padre Heriberto, que es a quien más añoro. Pero no quiero hablar de él porque me pongo a llorar y pararía de contarte cosas.

En el instituto no me siento a gusto. Los estudios me van bien, pero mis compañeros se meten conmigo. Me llaman el Paleto. Para mí, que no aceptan que uno que viene del campo lea y escriba mejor que ellos. Mi madre dice que tenga paciencia, que solo son cuatro años de aguante y luego me iré a Granada a estudiar para maestro, como mi padre. Eso es lo que me ayuda a sobrellevar las putadas que me hacen.

Después de tanto tiempo sin contarte cosas, fíjate hoy si he escrito, creo que más que nunca.

---

67. Pazguato, cándido.

68. De soslayo.

Aún le faltó contar Miguelito a su querido diario que fácilmente superó el examen de ingreso porque iba sobrado, como auguró su padre. La prueba consistía en un dictado largo y rebuscado, donde no tenía que cometer faltas de ortografía, y una división de varias cifras con la prueba incluida.

Ya matriculado en el Instituto Elemental de Segunda Enseñanza Pedro Antonio de Alarcón, fue a caer el alumno de primero de bachiller Miguel Checa Arnau de diez años de edad, natural de Gor, Granada, en un aula hostil para con los forasteros, y más aún si estos mostraban más conocimientos y habilidades que ellos. Y sufrió el aislamiento y las cuchufletas de sus compañeros de clase, ante la pasividad de un profesorado que veía normales tal suerte de conductas, y cuyo argumento pedagógico era dejar que cada alumno resolviera sus propios conflictos si estos no pasaban a mayores. Y este era el problema, que nadie, ni profesores, ni alumnos, ni padres, sabía dónde estaba pintada la línea roja, tan delgada, tan resbaladiza siempre, que determina la gravedad de los actos. El tiempo fue el que puso a cada uno en su sitio y el Paleto de las Cuevas, desubicado, cariacontecido y algunas veces lloroso, pasó a ser Miguel Checa, el alumno brillante y líder a quien todos querían imitar.

El contraste de vida entre Los Junquillos y el Barrio de las Cuevas de Guadix era como la distancia entre el cielo y la tierra. El barrio estaba situado al sur formando un arco de este a oeste en torno a la ciudad, aprovechando los numerosos cerros arcillosos, y las veredas y vertientes naturales de los alcores como camino de acceso a cada una de las cuevas, habitadas algunas desde el siglo XVI, construidas todas a golpe de pico y gota de sudor por los lugareños: un hormiguero humano. Todas pintadas con el toque blanco azulado de la cal, la sencillez de la pobreza que se convierte en dignidad (pues ambas cosas son compatibles) cuando adviertes que no existe la ratería y el saqueo en el alfoz, puesto que muchas de ellas no tenían ni tan siquiera puerta de entrada. Solo una cortina alpujarreña que mece el aire, suavemente, el único toque multicolor de la barriada, una seña de identidad que separa el espacio exterior del recóndito, el mundanal ruido del hondo *quejío.* Y a lo alto de los cerros, las chimeneas encaladas, como si periscopios sin lentes fueran cuya función de observar hubiera devenido en arrojar los humos de lares y fogones. Delante de las cuevas había pequeñas plazoletas donde los niños correteaban y las mujeres tendían la ropa, y los viejos tomaban el sol con la mirada indolente de quien está más interesado en su mundo interior que en el exterior; donde jugaba Miguelito con sus semejantes olvidándose por un momento de las angustias de la vida escolar.

Llegado hasta aquí, dedica el viajero unos minutos de su tiempo —pues de esto va sobrado— a la reflexión. Y piensa en el impacto que tuvo la figura del padre Poveda, gran defensor de los derechos de los necesitados, en la sociedad de Guadix, luchando contra la pobreza y contra la injusticia social desde ese mismo lugar: la Plaza de la Ermita Nueva, donde pasó su adolescencia. Le hubiera gustado conocer al personaje, ya histórico; pero no coincidieron en el tiempo, aunque sí en el espacio, pues el padre murió recién empezada la guerra. Concluye Miguel especulando si el hombre santo hubiera podido desarrollar su programa educativo para con los menesterosos y en pro de los derechos de las mujeres en esta nueva España que ha perfilado Franco.

Pasaron los cuatro años del bachillerato y el alumno Miguel Checa Arnau se matriculó en primero de Magisterio en la Escuela Normal de Maestros de Primera Enseñanza de Granada, cumpliéndose el vaticinio de su preceptor don Heriberto Sánchez de la O, posteriormente padre Heriberto, cuando una noche lejana estas palabras dijo en Los Junquillos: «El niño vale, Manoli, es una lástima que tanto talento se desperdicie. Sé que es un sacrificio muy grande para ti, pero de tu decisión depende su futuro. El niño puede hacer carrera».

Quiso esta vez la suerte estar del lado del joven estudiante de Magisterio cuando supo, a través de su cuñado, el recovero, que por su oficio tenía información de los movimientos de población en toda la comarca, que su amigo Ezequiel vivía con su madre en Granada, en la calle Loarte, relativamente cerca de la Escuela Normal. Ambos trabajaban en la frutería de la Plaza de Santillana, la propiedad de la cual era de un pariente cercano que, por motivos de edad, no estaba en disposición de atenderla y solo se encargaba de gestionar el negocio dejando los «trabajos mecánicos», como él los denominaba, en manos de sus familiares, personas de su total confianza, que no todo el mundo es apto para meter la mano en la caja ni trajinar con alimentos, con la picaresca y el hambre que aún hay en España.

Helos aquí, a Miguelito y Zequielillo (ahora con los años, Miguel y Ezequiel), de nuevo juntos, esta vez en Granada. Porque Gaudencia Torres, la madre de Ezequiel, estuvo encantada de que el amigo de la infancia de su hijo viviera con ellos a cambio de ayudarles en la tienda (con la venia del dueño, obviamente) dos horas al día, manutención incluida, «por la mañana o por la tarde, no importa, cuando puedas, que primero son los estudios. Incluso cabe la posibilidad de que puedas echar alguna horilla de más y conseguir algo de dinero para tus gastos particulares. Que los tendrás. Que esta es una ciudad grande. Ahora serán los libros y luego, los tapeos. Y más aún si sales con el *solfintero*[69] de mi hijo, que no para quieto. No se le caerá la casa encima».

El adjetivo *solfintero* se quedaba corto aplicado a Ezequiel, pues tenía amistades en todas partes. Y conocía las mejores tabernas del Albayzín, en cuáles había mejor ambiente, en cuáles te ponían las mejores tapas, y cuáles eran las más generosas y las más baratas. Ahora bien, sin perder la perspectiva, consciente en cada momento de que si estaba en Granada no era para disfrutar de la noche sino para resolver su futuro, aunque bien pudiera permitírselo, pues la frutería estaba ubicada en la Plaza de Santillana, un lugar muy transitado, con muchos clientes que varias veces al día llenaban la tienda desbordando a sus dos trabajadores, necesitados de asistencia.

69. Persona que le gusta andar de un sitio para otro.

Capítulo 25

PRIMER DÍA DE CLASE

Acude Miguel a la Escuela Normal acompañado de su amigo. «Te enseño el camino, con solo dos días que llevas aquí es fácil perderse y llegar tarde —le dijo, medio en broma medio en serio—, fíjate por dónde andas que mañana vas tú solo».

Delante de La Normal, ambos tienen que hacer un esfuerzo para reprimirse las lágrimas al comparar la fachada del impresionante edificio con el poyo de la puerta del cortijo donde su maestro daba clase a los siete niños cortijeros con escasos recursos y mucha ilusión.

Dan los dos amigos varios pasos atrás antes de entrar para observar desde mejor perspectiva la belleza de la construcción. Tienen ante ellos un edificio enorme de planta cuadrangular de ochenta metros de longitud por sesenta metros de altura, con cinco torreones, tres en la fachada y los otros dos en las esquinas posteriores.

—Suerte, maestro. —Le da su amigo un abrazo, a la taurina, como quien va a tomar la alternativa—. Te dejo. Ya estás al tanto del trabajo que hay en la tienda, y mi madre está sola. No sabes cómo se pone cuando ve la tienda llena.

—Luego nos vemos y te cuento.

—¿Mientras echamos una partida a las *cazolicas*?

—Pues no estaría mal.

Sonríen ante la idea y se vuelven a abrazar.

Con el nerviosismo propio del primer día de clase entra Miguel al recinto.

La puerta de entrada es la que hay debajo del torreón central. Más gente de su edad está accediendo al interior y se une a ellos.

—Hoy no haremos nada, solo conocer a qué aula vas, y punto. Y si eres nuevo, echar un vistazo a las instalaciones. Impresionante, ¿verdad? —le dice un joven con el que ha coincidido al franquear el portón, brazos cruzados, parados delante de una lujosa escalera de mármol de estilo imperial—. ¿Subes? La secretaría está arriba.

Acepta con una sonrisa la compañía del joven, que por lo visto conoce bien el lugar, y toma en cuenta la propuesta.

Mientras suben, observa Miguel el artesonado de madera que cubre el vestíbulo, es digno de ver.

—Por aquí. —El joven, en función de guía—. ¿Vas a primero?

—Sí. —El asombro, la emoción, los nervios, la novedad, la belleza del edificio, la responsabilidad que se le ha echado encima, la perplejidad de estar hablando con un extraño, impiden que sea capaz de articular frases coherentes más allá de monosílabos.

—Yo también. A ver si tenemos suerte y caemos juntos. Juan Benjumea —se presenta, tendiéndole la mano. Sonrisa franca.

—Miguel Checa. —Se la estrecha, sonriendo igualmente.

Mira Miguel a su acompañante para quedarse con su cara, a partir de ahora ya no será un desconocido.

—Tú primero —cede la vez Juan a su compañero, que entra vacilante al lugar donde se hallan los entresijos de la escuela—, ya me dirás luego, si nos vemos.

Nada le podrá contar a Juan Benjumea porque ya ha desaparecido escaleras abajo. Pero no importa, se ha quedado con su nombre y con su cara, y tiempo habrá de estrechar lazos.

Decide inspeccionar por su cuenta.

Después de ver las aulas por un ventanillo a dos tercios de la altura de la puerta, baja de nuevo por la escalinata de mármol.

Abajo están las clases de los niños donde los futuros maestros hacen las prácticas. Se pueden fisgonear a través de un ventanuco. Tienen un pequeño patio individual cada una al cual se accede a través de una puerta lateral y, junto a estas, alrededor de un claustro rodeado de columnas toscanas de piedra, están el salón de actos, el laboratorio y la biblioteca.

Al salir del edificio vuelve a coincidir Miguel con Juan Benjumea y, charlando, ya más relajadamente se marchan a casa.

—¿Dónde vives? —Juan.

—En la calle Loarte, cerca de la Plaza de Santillana.

—Yo un poco más para allá, en la Calle Elvira. Voy contigo, me pilla de paso.

Capítulo 26

LA LLEGADA

Se acerca el tren a su destino. El viajero empezará una nueva etapa e intentará resolver el delicado asunto que hace tiempo, cuando supo que su plaza estaba en Barcelona, determinó aclarar: qué pasó con Heriberto, una persona a la que disfrutó más como maestro que como padre.

Nada de esto le ha contado a su colega Alonso, es demasiado íntimo. Qué sabe de él, podría ser contraproducente rebelarle información sensible. El régimen de Franco tiene muchos oídos. Y muchos ojos. Y mucho olfato. Hay que ser suspicaz en estos tiempos, si quieres evitarte problemas. Ni a su madre le contó sus intenciones, podría preocuparse. Y últimamente su salud está algo afectada, tantos años de duro trabajo a la larga pasan factura. Primero en el cortijo como propietaria y como jornalera; luego, en la carnicería de Guadix, a la otra punta de la ciudad, matando y despiezando animales; y al llegar a casa, las tareas domésticas. Y por si aún no tenía bastante, los domingos limpiando cuevas para ahorrar cuatro perras y poderle pagar a su hijo los estudios.

Son Ezequiel Cantarero y Juan Benjumea, sus incondicionales amigos, las únicas personas que conocen su propósito. Los tres forman un triángulo equilátero donde no existen los secretos, las envidias, los rencores; y sí las ayudas, los favores, los consejos y las sugerencias. Juan y Miguel tuvieron la suerte de coincidir en la misma clase los tres años que duró la carrera de Magisterio. Y desde el primer momento se sentaron juntos. Yendo juntos, también, a estudiar a la biblioteca del Centro y a trabajar en equipo. Luego, Juan encajó sin fisuras en la pareja de amigos, Miguel y Ezequiel, cuya amistad ya venía consolidada desde la infancia. Por eso, cuando terminaron los estudios y tuvieron que separarse por motivo de trabajo fue un duro golpe para los tres. Pues sabían que aquella etapa había finalizado y era poco probable que sus vidas coincidieran en algún punto del camino. *Lex vitae*[70], habrán de aceptar la dinámica ineluctable de la vida.

Y con el pensamiento puesto en el pasado reciente y en el futuro cercano, nota Miguel cómo el tren aminora la marcha. Todo indica que, por fin, está terminando el viaje interminable.

Mira a Alonso esperando que le confirme si están a punto de llegar a su destino.

—Bienvenido a la estación de los búhos —le dice.

La mirada de extrañeza de su colega da pie a que le siga explicando.

—La estación de Francia es la estación de los búhos. Ya verás, los hay por todas partes. Alguien pensó que unas imágenes de piedra servirían para ahuyentar a las palomas. Ingenuos.

Sonríe Miguel porque en un primer momento pensó que los búhos eran de carne y hueso.

70. Ley de vida.

El convoy avanza al tran-tran entre crujidos de acero y cambios de aguja, y algunos pasajeros aprovechan la eventualidad para bajar del tren en marcha, con el peligro que supone una mala caída, o ser arrollados por otro vehículo, pues Barcelona-Término es una estación con mucho tránsito.

—¿Qué hace esa gente? —Miguel supone que su compañero habrá visto en otras ocasiones esta insólita imagen.

—Huyen.

Espera Miguel que le amplíe la parca información.

—La estación está llena de polis pidiendo la documentación. Llévala a mano por si acaso. Tú no te has dado cuenta, pero muchos ya se apearon en Sitges. Pero tranquilo, nosotros no corremos el riesgo de ser detenidos, solo esta pobre gente. —Bajando la voz, señalando con el mentón a un pasajero de su mismo coche que permanece callado, con la cabeza gacha y la mirada perdida en algún punto incierto del suelo. El personaje, ropa ajada, gorra de visera, aguanta sobre sus rodillas una maleta a cuadros de cartón asegurada con un cinto de cuero para evitar que reviente, en ella lleva sus pertenencias. Todas.

—¡*Cucha*, aquellos del saco!

Ha advertido Miguel la presencia de figuras humanas que se mueven ligeras entre las vías. Llevan un talego sobre el hombro, y por la dificultad con que se desplazan pesa bastante. La oscuridad no es total, pero la escasa luz pone en peligro sus vidas. De vez en cuando se agachan recogiendo objetos del suelo para meterlos en el saco.

—La picaresca española no toca fondo, el hambre espabila que no veas. ¿Sabes lo que están haciendo?

—¿Qué hacen?

Se ríe Alonso antes de contestar:

—Recoger carbón, el que el fogonero echó antes de entrar en la estación. Después, a repartir a medias. Pero se cree el fogonero que le van a dar la mitad de los beneficios. ¡Anda que...! —Vuelve a reír.

—*¡La vin!* Se están jugando el pellejo.

El gobierno de Franco no puede controlar el gran alud migratorio que desde hace unos años está inundando Barcelona y su área metropolitana, y, vulnerando el Fuero de los Españoles, una de las leyes fundamentales de su propio régimen (que asegura en su artículo 14 que los españoles tienen derecho a fijar libremente su residencia dentro del territorio nacional), detienen a los emigrantes y los devuelven a sus lugares de origen, aplicando la mejor de las herramientas que tienen para este caso: la Ley de Vagos y Maleantes. Por eso los viajeros mejor informados, para evitar el peligro toman la precaución de bajar del tren con anterioridad.

Un resuello mecánico, un chirrido de frenos y una última bocanada de vapor; después de quince horas y media de viaje el Catalán llega a la estación de Francia, la de los búhos de piedra, la tierra prometida de miles de andaluces ansiosos de una vida mejor.

Y de tres comidas al día.

Capítulo 27

LA ESTACIÓN DE FRANCIA

Un abrazo, intercambio de direcciones y la promesa de verse de nuevo, Miguel Checa Arnau se despide de Alonso Cepeda Pedrosa. Mientras tanto, los pasajeros más inquietos no esperan a que se descongestionen los pasillos de los coches y sacan sus maletas por las ventanillas. Los siete andenes de la estación están tomados por un hormiguero de personas cargadas de equipaje con la cara perpleja. Como la de Miguel, que ya apeado mira al techo observando la grandiosidad de las dos marquesinas metálicas curvadas que hacen posible una nave doble con un entramado de hierros, prodigio de la arquitectura modernista de la época en que se construyó la estación.

Ve los búhos y sonríe. Le gustaría comentarlo con Alonso, pero este ya ha desaparecido entre la vorágine.

En los andenes, mezclados con la gente, mozos con gorra de plato y blusón gris hasta medio muslo empujan carretillas cargadas de bultos. Y un sinfín de policías, cumpliendo con excesivo celo la orden dirigida mediante una circular a los alcaldes de la provincia y a los jefes policiales para hacer frente al problema de la vivienda, piden la documentación a los individuos que les parecen sospechosos, a saber: gente cargada con maletas, petates y cestas de mimbre, vestida con ropas humildes, tocados la mayoría de los hombres con boinas o gorras de visera, y señales inequívocas de azoramiento y despiste en sus caras. Al cabo, la contestación a dos simples preguntas, cuál va a ser su residencia y dónde va usted a trabajar, los llevará a la comisaría para ser interrogados más a fondo o a la libertad, la ilusión, la esperanza, la nueva oportunidad.

El siguiente paso del proceso será de la comisaría al Palacio de las Misiones de Montjuïc.

Este edificio, de la misma edad que la estación de Francia, de forma rectangular, acabando con una llamativa cúpula octogonal, tiene una extensión de cinco mil metros cuadrados, capacidad más que suficiente para albergar a los centenares de emigrantes que cada día son detenidos por la policía armada. Allí esperarán hasta tres días, y si al cabo no son reclamados por ningún familiar de Barcelona serán deportados a sus lugares de origen en el Sevillano, el Malagueño o el *Granaíno*, si su destino es Andalucía: el arte de pasarse por el forro el Fuero de los Españoles.

Indignado está Miguel de ver cómo se llevan detenidos como vulgares delincuentes a un matrimonio de mediana edad que da el perfil de individuos sospechosos, por su porte y su indumentaria, especialmente la de la mujer, toda vestida de negro, incluso el pañuelo que le cubre totalmente la cabeza, y lleva en el brazo un cestillo de mimbre con restos de comida cubierto con un pañuelo marrón, la única nota de color de su imagen. En la expresión de sus caras se reflejan el miedo, la rabia y la vergüenza que les produce la humillante situación.

—Vengan conmigo.

—Es que...

—Que vengan conmigo he dicho.

—Nosotros...

—¡Que vengan conmigo, hostias!

Así vista de cerca, la mujer le parece más joven, y le recuerda a su hermana Jenara que aún guarda luto (ocho años manda la tradición, como la Bernarda Alba de Lorca) por la muerte del abuelo Eulogio. Antes ya lo llevó su madre por el asesinato legal de su marido, con lo que suma dieciséis años vestida de negro. Casi al completo la vida de Miguel de luto obligatorio en una sociedad que no admite otra cosa, como si el duelo se llevara en la ropa y no en el corazón, como si el dolor fuera solo cosa de mujeres.

El vestíbulo cuenta con tres cúpulas de grandes dimensiones. Y en el suelo pulido de mármol y granito se reflejan veladas las siluetas de las personas. Son muchas las que llevan allí un tiempo esperando, a pesar de la hora intempestiva que es, las once de la noche. Algunas de pie, charlando animadamente, prodigándose besos y abrazos y sonrisas de felicidad. Otras sentadas con cara de cansancio, o de tedio, o de apatía. Otras caminando de punta a punta con preocupación, con ansiedad, consultando el reloj propio o el de la estación, parándose a observar con atención cada vez que entra una cara nueva al vestíbulo.

Laia Arnau Guissona se halla de pie en medio de la cúpula central, de cara a las tres puertas que dan a los andenes, observando el movimiento de viajeros. Lleva en la mano una fotografía actualizada de su primo, la que le mandó por carta su tita Manuela, la de Granada. De tanto en tanto, cada vez que entra al recinto un joven de edad pareja a la de Miguel le echa un vistazo exhaustivo, comparando. Ya lleva más de una hora esperando, los horarios de llegadas de los trenes son imprevisibles. Más aún cuando se trata del Catalán.

Por fin, mirando al techo en busca de búhos de piedra y deteniendo su vista en la majestuosidad de las cúpulas, entra Miguel al vestíbulo, despistado, como todos los pasajeros que por primera vez pisan el suelo de Barcelona.

Laia lo reconoce al momento, no ha cambiado tanto, y con una sonrisa anda a su encuentro. Cree ver en él alguno de los rasgos infantiles de aquel niño divertido que quería jugar con ella al «tú la llevas», en la era, ataviado con sus mejores ropas. Y observa a un joven de estatura mediana, bien parecido, castaño claro, con la barbilla potente y el pelo hirsuto de los Arnau. Ha mejorado con el tiempo, piensa.

—¿Miguel? ¡Miguelitoooo...!

—¡Mi prima Laia! ¿Qué pasó con tus coletas?

—Lo mismo que con tu pelo rubio.

—¡Venga, un abrazo! ¿Y el tito, no ha venido?

—Ya es mayor para estas cosas, ha preferido esperar en casa. Hala, que ya es tarde. Vamos andando, vivimos cerca.

Capítulo 28

LAIA Y ANDREU

El *carrer* de les Dames es una calle angosta y breve emplazada entre el *carrer* dels Ases y la Plaça de l'Olla, en pleno barrio de La Ribera, entre el mar y la Barcelona gótica.

Por una escalera de peldaños desgastados por el uso suben Laia y Miguel al primer piso, donde el tito Andreu los aguarda... durmiendo. La tita Roser, desgraciadamente, falleció poco después del viaje a Los Junquillos, cuando la boda de Jenara. Fue un duro golpe para todos, súbito, inesperado, una mujer tan joven. Su sobrino nunca quiso preguntar sobre la causa de su muerte. Ni piensa hacerlo, hay temas que prefiere evitar porque de nada sirve. Sabe la versión oficial, que cayó fulminada en la calle a cien metros de su casa, y nada más.

—Pasa. —En voz baja, ya abierta la puerta—. Son más de las doce y papá está en la cama, se acuesta cuando las gallinas. Eso sí, no te asustes si oyes ruidos a las seis de la mañana. ¿Has cenado, te preparo algo?

—Gracias, prefiero descansar.

—Entiendo, el *Granaíno* es un quebrantahuesos.

—¿El *Granaíno*?

—Ah, bueno. El *Granaíno* es el mismo tren al que vosotros llamáis el Catalán. De norte a sur, el Sevillano, el Malagueño o el *Granaíno*; de sur a norte el Catalán.

—Pues no lo sabía. Y sí, te quedas corta con lo de quebrantahuesos. —Sujetándose el trasero con gesto cómico.

—Yo a veces lo llamo el Orient Express. Recochineo.

Ríe Miguel la ocurrencia de su prima, hay que tener una mentalidad irónica, piensa, para comparar el tren de los pobres con un tren de lujo. Los dos son famosos, aunque por muy motivos distintos.

—Bueno, te muestro la habitación y te instalas, *¿oi?*[71] Pero antes te enseño la casa, por si te levantas por la noche no choques contra los muebles.

El piso es pequeño, setenta y cinco metros cuadrados, redondeando a la alza, pero está bien distribuido y tiene lo justo para vivir dos personas cómodamente. Suelo de ladrillo hidráulico y tabiques empapelados, lo normal en esta época. A la derecha del pasillo, las habitaciones de Laia y Andreu; a la izquierda, «esta es la tuya», la de Miguel y la cocina; y al fondo, el cuarto de baño.

—A propósito, y de una cosa me paso a otra, nos dijo tu madre por carta que solo estarás con nosotros hasta que encuentres piso, ¿*oi* que sí?

Mira a su primo, pero no espera que conteste, ya tenía la respuesta construida antes de preguntar.

—Pues que sepas que a nosotros no nos importa que estés más tiempo. Todo el que haga falta. L'Escola Baixeras está a cuatro pasos; así que, mejor imposible.

—No, gracias, prima, no quiero...

71. Expresión interrogativa catalana equivalente a vale, de acuerdo.

—Pero —lo corta—, si te empecinas en estar solo y tener tu espacio de libertad, cosa que comprendo, porque yo más de cuatro veces he pensado que me gustaría vivir lejos de mi padre cuando se pone insoportable —sonríen—, arriba, en el tercero izquierda hay un piso para alquilar. Muy barato. Una ganga, tal como están aquí los precios. Y aún lo puede ser más porque conocemos al dueño, un amigo de papá. ¿Qué te parece? Cerca de tu familia catalana.

Laia es una muchacha menuda, vivaracha, activa, habladora, pelo castaño miel tirando a rubio, con unos ojos luminosos acostumbrados a sonreír a menudo. Su pelo tupido cortado en melena, con cabellos potentes, rebeldes, es propio de los Arnau. Su imagen, asombrosamente se parece a la de su madre en la fotografía sepia que guarda en un cajón de la cómoda, de cuando la boda con padre Armando.

—Me parece que aún es pronto para hablar de estas cosas.

—Lo dicho. Venga, hasta mañana.

—Buenas noches.

Observa Miguel que su habitación no es un dormitorio propiamente dicho, sino un trastero habilitado para acoger una cama de noventa, una silla de madera doblada y un perchero de tres ganchos, también de madera curvada. Mientras deposita la maleta encima de la silla piensa que está más convencido que nunca de que necesita tener su espacio propio. Quizá el del tercero izquierda, cuando le pague el ministerio su primera mensualidad.

Al día siguiente coinciden los tres en el desayuno. La cocina es más espaciosa que su habitación y hace las veces de comedor y salita de estar. Está conectada la radio, ya de buena mañana, en lo alto de una repisa, Andreu es un radioyente empedernido.

Después del obligatorio intercambio de preguntas y respuestas sobre la salud de la familia, decide Miguel sacar el tema que le preocupa y del que desearía obtener alguna respuesta: el paradero de Heriberto.

—Me contó mi hermana que era una gran persona.

—Íntegro. No toleraba la injusticia. Y ya ve usted, tito, cómo terminó el pobre.

—Vaya putada. —Laia, a la que le habían ocultado la parte más dura de la historia, pues era demasiado pequeña para encajar los hechos cuando sucedieron.

—¿Qué sabe de él? —Miguel.

—Algo averigüé, sí. Pero no creo que lo suficiente para ti. Pero, en fin, algo es algo.

—Venga, papá, suéltelo ya, nos tiene en ascuas. ¿Qué sabe de don Heriberto?

Por la forma en que lo dice, advierte Miguel que Laia es tan impulsiva como su madre, llevan la misma sangre, son de mecha corta que diría el abuelo, y se pregunta si también acostumbra a meterse en los charcos, como ella, y como él mismo cuando quiso descubrir qué ocultaba su maestro en el hueco del tronco del árbol centenario que presidía la entrada de Los Junquillos. Esa observación, aunque el momento es grave, le arranca un atisbo de sonrisa.

—Fue muy importante para ti, ¿verdad? —Laia, inquisidora.

—Y tanto. Primero fue mi maestro. Luego fue mi padre.

Asombrada, se lleva Laia las manos a la boca, pues esta información también la desconocía. Cuando la boda de su prima, recuerda que don Heriberto era un señor estirado, pero sonriente y con trazas de bonachón. Solamente eso. Ni mucho menos pensaba que fuera tan importante en la vida de su primo y en la de su tita Manuela. Y ahora comprende ese afán de Miguel por conocer su paradero.

Por eso apremia a su padre con la mirada para que hable.

—Cuando —coge Andreu las manos de Miguel en un gesto de cariño, para darle ánimos, la mirada especialmente tierna— tu madre me pidió por carta que averiguara el paradero de Heriberto, hice indagaciones y supe que lo llevaron al cuartelillo de Via Laietana. —Observa Miguel inquietud en el semblante de Laia cuando su padre menciona el nombre de la comisaría—. Y de allí, después de ser... interrogado —duda Arnau en la elección del verbo, la palabra apropiada debería ser otra que sin duda causaría mucho dolor a su sobrino—, se lo llevaron a la prisión de Montjuïc a la espera de ser juzgado, allí mismo. —Se seca una lágrima con el dorso de la mano—. Y ya no sé más. Lo siento.

Lo poco que ha dicho le parece mucho, pues antes de eso no sabía nada. Además, es un buen punto de arranque para seguir indagando, irá a la prisión, no está lejos del barrio de La Ribera, y preguntará en el registro, seguro que allí le dirán algo.

Abraza a su tío y le dice, sin romper el abrazo:

—Gracias, tito, me ha ayudado más de lo que usted cree. Seguiré investigando hasta dar con la verdad. Y ojalá esté vivo. En alguna parte, aunque sea fuera de España.

Sabe Arnau que las palabras de su sobrino son de difícil cumplimento, bien conoce la mala prensa que tienen ambos establecimientos, la comisaría y la prisión, donde continuamente se violan los derechos humanos, por las torturas sistemáticas y las vejaciones a los detenidos, donde el verbo desaparecer se convierte en transitivo. Por eso quiere llevar la conversación por derroteros más venturosos, consiguiéndolo a medias.

—Ahora te llevas a tu primo y le enseñas el barrio, *¿oi?* Y luego, la Baixeras. —Espera a que su hija asienta. A renglón seguido le pregunta a Miguel—: Dime, ¿cuándo empiezas a trabajar?

—Este lunes.

—Estupendo. Estamos a jueves, hay tiempo para conocer la ciudad.

—Perdone, tito, mañana creo que voy a ir a la prisión de Montjuïc, estoy deseando averiguar cosas sobre mi padre.

—En fin, como tú quieras. Pero hoy toca hacer turismo —admite, forzando una sonrisa—. ¿Laia? Todo tuyo, *apa*[72].

—Y la librería, ¿cerrada?

Posee la familia una librería en la Via Laietana. Actualmente, la Llibreria Arnau está regentada por Laia debido al estado delicado de salud de su padre. Tiene el negocio dos secciones, una de libros de segunda mano y otra de ejemplares de nueva edición.

—No, yo me encargo —Andreu—, tengo ganas de oler papel viejo y tinta nueva. Estoy cansado de jugar a las cartas con cuatro vejestorios a los que siempre gano aun sin hacer trampas. Esta mañana abro yo y me quedo hasta la hora de comer. Decidido.

Propina Laia a su padre un achuchón acompañado de un beso en su despejada frente, se supone que en agradecimiento por concederle la mañana libre.

L'Escola Baixeras está situada cerca de la Llibreria Arnau. Tiene la entrada principal en el *carrer* Salvador Aulet y la totalidad de la fachada principal viene a dar a la Via Laietana. Es un imponente edificio de estética clasicista de cuatro plantas y un sótano. Inevitablemente, como ya hizo en la Normal de Granada, vuelve a comparar Miguel la magnificencia de la construcción con la sencillez del poyo de la puerta de Los Junquillos, donde recibía clase en grupo y escribía con tinta

72. Hala, venga.

casera que olía a vinagre, y donde explicó su primera lección a Vicentico el de El Corral Alto, donde Heriberto se agachó, le cogió la cabeza con ambas manos, le miró a los ojos y le dijo: «Usted podría ser un buen maestro, señor Checa». Y por eso, ahora más que nunca, la búsqueda de su padre se hace más necesaria, acuciante. Porque si está aquí plantado frente a la preciosa mole educativa es por él, y se lo debe.

Y paradójicamente, en vez de empequeñecerse por la majestuosidad del colegio se engrandece de orgullo.

—Ahí la tienes, l'Escola Baixeras, todo un referente educativo en Barcelona. Me dijo mi amiga Elisenda que, aunque es una escuela laica se reparten hostias. Ya te la presentaré un día, a mi amiga, es una monada, seguro que te gustará. Dice que en su tiempo había un maestro, don Crescencio, que disparaba primero y preguntaba después. Tenía fama, el hombre, en todo el barrio. Llevaba un sello de oro en la mano derecha y cuando daba coscorrones los niños veían la Vía Láctea entera.

—En Guadix también había Crescencios. Y en toda España, vamos. Lo de dar la comunión por lo civil era lo habitual en aquel entonces. Y ahora, desgraciadamente —añade, después de un silencio reflexivo—. Mi padre también llevaba un sello de plata en la mano izquierda, pero no lo usaba para esos menesteres.

—Me lo figuro. Y tú, ¿eres de gatillo fácil?

La mirada es de ofendido cuando encauza la vista a sus ojos, antes de hablar.

—No. Intentaré imitar a mi padre: nunca le tocó un pelo a un niño.

—Se cazan más moscas con miel que con hiel.

—Por supuesto, prima, no lo pongas en duda.

Recuerda Miguel cómo el maestro Heriberto solucionaba los conflictos cuando había alguna agresión (casi siempre en la era, donde había más actividad) por una disputa en algún lance del juego.

—¡Ezequiel! Venga un momento, haga usted el favor.

Viene el niño corriendo, sudoroso, cara de preocupación, sabe que algo ha hecho mal y teme a las consecuencias.

—Dice Isidra que le has pegado, ¿es así? Contésteme solo sí o no. —La voz grave; no obstante, ni un ápice de ira en su rostro.

—Es que...

—Sí o no.

—Sí, señor.

—Está bien. Mire usted la era, verá que juegan sus compañeros. ¿Se les ve alegres o tristes?

—Es que la Isidra...

—¿Alegres o tristes?

—Alegres. —Con un hilo de voz, la cabeza gacha, la cara arrebolada. Mira la era de reojo y ve a su compañera quieta esperando el resultado de su demanda.

—Juegan alegres porque se sienten seguros. Solo así jugarán contentos y felices. —Asiente Zequielillo levemente con la cabeza—. ¿Qué pasará si usted vuelve a agredir a otro compañero? Venga, termine la frase: que nadie...

—...Querrá jugar conmigo.

—Siga: porque ya no...

—...Se sentirán seguros.

—Muy bien. —Acariciándole el pelo, peinándolo con los dedos, devolviéndole la confianza en sí mismo—. Pues ahora —con voz dulce—, lo que usted debería hacer es pedirle perdón a Isidra y preguntarles a sus compañeros si puede jugar con ellos. Verá como dicen que sí, porque también han aprendido a perdonar. ¡Venga, ¿a qué espera?!

Sonríe el maestro porque el alumno ha salido corriendo hacia donde está su compañera.

—¡Y que no se repita, confío en usted!

Capítulo 29

LA PRISIÓN DE MONTJUÏC

Esperando se halla Miguel en la cola formada por gente que a diario visita a los reclusos. A su izquierda, el foso de Santa Elena, donde miles de presos fueron ejecutados desde que las tropas franquistas ocuparon Barcelona el 26 de enero de 1939, con la 105ª División del cuerpo de ejército marroquí, entre ellos el President Lluís Companys. Adentro, las celdas, con inscripciones y dibujos anónimos de contenido crítico, humorístico, grosero a veces, grabado o escrito en las paredes donde los penados se explayan, se divierten, se liberan, se evaden, o denuncian a un sistema que permite mantenerlos encerrados en condiciones infrahumanas: treinta presos malviviendo en cada celda lúgubre, oscura, húmeda, mortal por necesidad.

Con cara de amargura unos, de rabia otros, y de esperanza pocos, hablan animadamente en la fila mientras esperan a que abran el portón principal. Cuando se enteraron de que Miguel andaba buscando a un maestro le dieron las gracias en nombre de los reclusos, en virtud de que los profesores allí dentro realizan una gran labor de alfabetización; eso sí, siempre de forma clandestina y voluntaria. «Esto es muy propio de mi maestro, seguro que le ha dado clase a alguno de sus parientes», les dice Miguel con orgullo que no quiere disimular.

—¿Documentación? —le pide el funcionario de prisiones que está sentado detrás de su mesa de trabajo. Miguel de pie, al otro lado, actitud rígida.

Inspecciona el hombre minuciosamente el carnet del joven que tiene delante, llevando la vista repetidas veces de la foto del documento a su cara.

—Miguel Checa Arnau, ¿es usted?

Se extraña Miguel de la pregunta, pues es una obviedad.

Pero le contesta, deduce que formará parte del procedimiento rutinario:

—Sí, señor, yo mismo.

—¿Y qué desea, Miguel Checa Arnau? —Sin levantar la vista del carnet.

—Vengo a buscar información de un preso que está, o estuvo aquí.

—¿Su nombre?

—Heriberto Sánchez de la O.

—¡De la O! Como María la de la copla.

Nada le ha gustado a Miguel el chascarrillo fácil del administrativo, le parece una falta de respeto a su padre, por muy funcionario que sea. Pero disimula su contrariedad porque sabe que no está en posición de criticar a un burócrata del sistema, podría entorpecer sus pesquisas. O paralizarlas, en el peor de los casos.

Apunta el hombre en el registro de visitas los nombres completos de Miguel y de Heriberto y vuelve a inquirir:

—¿Sabe usted cuándo ingresó en prisión?

—En junio de 1948. A primeros de junio, creo.

—Más cosas, ¿es usted familiar suyo?

Duda Miguel por primera vez antes de responder:

—No, señor.

—Entonces —se ajusta el funcionario los quevedos para escrutar sin disimulo las facciones del visitante, su reacción, antes de preguntar—: ¿cuál es el motivo de la visita?

—El preso era mi maestro. Ahora yo soy maestro aquí en Barcelona y me gustaría darle las gracias por todo lo que me enseñó.

—Bonito gesto. Espere un momento.

«Ha colado», piensa Miguel.

Se marcha el chupatintas a consultar los registros de entrada y salida de prisioneros en otro local adyacente. Mientras tanto, observa Miguel el despacho. Es un lugar más bien pequeño para la importancia administrativa que tiene, con la única decoración de un retrato de Franco en la pared. Una bombilla colgando de un cable, una tosca mesa de despacho y una silla con asiento de gutapercha azul que le recuerda a Miguel el asiento del Catalán. Eso es todo.

Al cabo, regresa el funcionario.

Trae mala cara, parece enfadado. O decepcionado. Podrían ser ambas cosas a la vez.

—Pues al parecer, su maestro —con retintín, el gesto agrio—, ese mismo año se fugó de la prisión con dos presos más. Menudo pájaro.

Regresa Miguel al *carrer* de les Dames pensativo, no le cuadra que su padre haya huido, no era su estilo, sería como confirmar su culpabilidad. Además, de haberlo hecho, está seguro de que habría avisado a su madre por carta.

Capítulo 30

EN VICENÇ

Es mediodía, viernes veintinueve de agosto, tres días antes de la incorporación del nuevo maestro a sus funciones docentes en l'Escola Baixeras del barrio de La Ribera de Barcelona. En el número tres, primero izquierda del *carrer* de les Dames sentados están los Arnau a la mesa, han terminado de comer. Hay en el centro un perol marrón oscuro, metálico, añejo, de pequeña capacidad, con su tapa original, y al lado un azucarero con una cucharilla asomando por la ranura. Mientras Laia sirve café hervido, con cuidado para que se quede el poso al fondo del recipiente y no caiga en las tazas, Miguel se dispone a detallar el resultado de sus pesquisas en la prisión de Montjuïc.

—Asúmelo, Miguel, —su tío, con voz grave, oído ya su relato—, después de lo que nos has dicho hay muy pocas probabilidades de que aún esté con vida. Más bien ninguna. Esta gente, cuando dice fuga se refiere a otra cosa, a una muerte ilegal. Un eufemismo, vaya. Cuando se les va de las manos un interrogatorio mal llevado, ya sabes.

—¿Ilegal, dice?

—Me refiero a muerte sin juicio previo. Tres fugas, tres asesinatos que hay que tapar, ¿entiendes por dónde voy?

Entiende por dónde va, por eso se enfurece. Injusticia tras injusticia. Error tras error tapado con mentiras. Mentiras que el sistema avala. «Y ahora qué». Se imagina a Heriberto aullando de dolor siendo torturado para hacerle confesar crímenes que no ha cometido. Y él, persona íntegra, resistiendo hasta que cae abatido. «¡Hijos de puta!». ¿Sabría el funcionario de esta mañana que la pantomima de la fuga era para encubrir un asesinato? «¡Pues claro que lo sabía!, el muy hipócrita». ¿Qué le dirá a su madre, pues? «Le diré la verdad. Aunque duela».

—Todavía queda una cosa importante que hacer, si quieres seguir adelante con esto.

—Quiero llegar hasta el final.

—Está bien.

Apoya Andreu la cucharilla en el borde de su plato y bebe un sorbo. El brebaje no está mal, tiene mucho café y poca achicoria en su mezcla. Se seca los labios con la servilleta a la vez que deposita con disimulo una pizca de poso que se coló al servir. Carraspea, se dispone a hablar.

Laia y Miguel paran de remover en sus tazas para escucharle mejor.

—Conozco a una persona que te puede ayudar, como tú dices, hasta el final. Se trata de un trabajador subalterno de la prisión. Jubilado ya. Estos centros —refiriéndose a las penitenciarías— suelen tener en su plantilla a personas que se encargan de realizar los servicios digamos «domésticos». Limpieza, mantenimiento y trabajos incómodos. —Detiene su discurso y mira a los contertulios, quizá esperando que alguien pida que le aclare el término «incómodo» en este contexto. Continúa hablando, puesto que no ha habido ninguna reacción—. Entra dentro de estas prestaciones la de llevar los muertos al cementerio. Lo conozco de hace tiempo porque vive en este mismo barrio. Normalmente, los trabajadores de la prisión suelen residir cerca del lugar de trabajo. Por aquí viven muchos. Se llama *en*[73] Vicenç, el hombre. No digo su apellido por proteger su intimidad, es que lo desconozco. —Bebe un sorbo de café y se vuelve a secar los labios—. Si había un buen hombre entre los trabajadores de la prisión, ese era él. No dudes, Miguel, que si puede ayudarte, lo hará.

—¿Dónde puedo encontrarlo?

—Sí. Es fácil de encontrar. Todos los días suele acudir sobre las doce al Café de les Set Portes a tomarse su vermut y leer el periódico. Luego, vuelve por la tarde a tomar café, a las cinco, como los ingleses.

—Ya te acompaño yo —se presta su prima, que hasta ahora permanecía callada escuchando a su padre.

—No, en esto es mejor que esté solo.

—Tiene razón. El Café de les Set Portes —Laia, solícita— está relativamente cerca de aquí, hay tiempo de sobra. Mira, coges la Via Laietana, que ya la conoces, y te orientas hacia el este, hacia el mar. Te cruzarás con una avenida importante, el Passeig d'Isabel II, y pasas a la otra acera, y tiras hacia el norte, o sea a la izquierda. Y darás con el restaurante. Es inconfundible. La terraza está rodeada de porches. ¿Te hago un croquis, sí?

—No hace falta, parece fácil.

—Y si no, pregunta.

—Claro. Tito, ¿usted cree que hoy es un buen día?

---

73. En Catalán, tratamiento que precede a los nombres propios masculinos, equivalente a Sr. o D.

—Hoy mejor que mañana. Los fines de semana se llena de gente y os sentiríais incómodos hablando de un tema tan sensible. Mejor cuanto antes.

Al llegar al restaurante tiene Miguel la impresión de que acaba de llegar a un lugar importante, por el aspecto del edificio y por la cantidad de clientes bien ataviados, hombres la mayoría, que toman sus consumiciones en la terraza, solos mirando el paseo, indolentes; o en compañía charlando animadamente bajo los porches que preceden a las siete puertas de entrada. Hay muchas mesas vacías, como avanzó Andreu, cosa que su sobrino agradece, pues sería peligroso, tal y como están las cosas, sentarse cerca de alguien capaz de escuchar una conversación comprometida y después ir con el chivatazo a la comisaría más próxima.

«Lo conocerás porque siempre lleva puesto en la cabeza un panamá *beige* que no se quita ni para dormir», le dijo Andreu.

—¿*En* Vicenç? —La pregunta va dirigida a una persona de más de setenta años que se ajusta a la descripción dada por su tío. Es más bien pequeño, fibroso. La piel cuarteada en exceso y las cejas pobladas, como dos cepillos dentales, es lo que más atrae la atención de su cara. Vestido elegantemente informal, camisa blanca de lino de manga corta con botones de nácar a juego con el panamá y pantalón mil rayas azul claro, toma café con leche contemplando el bullicio de la calle, tal como si viera una película en tecnicolor en la cinemascope de la vía. Por debajo de las alas del panamá *beige* cae en cascada una cabellera blanca con hebras grises que le sobrepasa las orejas. Su fisonomía, su indumentaria y su actitud contemplativa transmiten serenidad.

—Sí, ¿qué desea? —Observa al joven desconocido que se ha interesado por él. Su mirada no manifiesta sorpresa ni recelo, como si eso fuera la cosa más natural del mundo. Quizá estaba deseando entablar conversación con alguien y esta le parece la ocasión propicia.

—¿Puedo? —señalando una silla vacía que tiene justo enfrente—, será solo un momento.

—Por favor —lo anima, indicándole la silla—. ¿Cómo se llama?

—Miguel Checa Arnau.

El nombre no le dice nada.

—No me conoce, pero sí conoce a mi tío, Andreu Arnau Seco.

—Ah, sí. —Ha sonreído al oír el nombre de una persona conocida—. ¿Y qué quiere de mí el sobrino del librero más competente de Vía Laietana?

Sin omitir detalle le cuenta Miguel toda la historia, desde la noche de la detención de Heriberto en Los Junquillos hasta la conversación mantenida con su tío, pasando por la visita a la prisión.

—Y dígame usted —le dice, al cabo—, ¿llevó su cadáver al cementerio? ¿Sabe dónde está su tumba para llevarle flores?

—No.

Se apodera de Miguel el sentimiento de frustración y su mirada se humedece, no quiere dar por cerrado el caso. Y lo que es peor, no tiene ningún hilo del que tirar.

En Vicenç, gran observador, lee la situación y quiere tranquilizarlo con una sonrisa.

Y unas palabras:

—Me explico, no lo llevé al cementerio porque lo enterré en una cuneta. Donde me mandaron. Esa noche salieron tres cadáveres de la prisión; uno, el de tu padre; y los otros dos con rumbos distintos. Me acuerdo perfectamente. ¿Cómo podría olvidarme de esa persona? ¡Por Dios! ¡Si desde que ingresó en prisión impartía lecciones a todo el mundo, ¡hasta a los guardias!

Detiene brevemente su discurso, como buscando un recuerdo significativo para remprender el hilo.

—Llevaba la profesión en la sangre, se le notaba. Incluso a gente de derechas les daba clase, adeptos al régimen que estaban presos por motivos distintos a los políticos. Porque allí hay de todo. ¿Sabe usted?, yo no soy de derechas ni de izquierdas, si acaso de quienes hacen las cosas bien. A mí me pagaban y punto.

Toma un sorbo de café con leche y se seca los labios con una servilleta de papel que lleva el sello del restaurante impreso en azul en una cara, hace con ella un ovillo y mira a su interlocutor antes de dejarlo en la mesa, junto a la taza, y decirle a Miguel que:

—Me puse muy triste cuando vi que el cuerpo que iba a enterrar aquella noche era el de Heriberto el maestro.

Respira aliviado Miguel, necesitaba oír estas palabras. «Sin duda —piensa—, si este hombre conoció a mi padre se llevaría bien con él».

—¿Presentaba señales de tortura?

Mira *en* Vicenç fijamente a su acompañante, luego a su alrededor, y finalmente centra la vista en el paseo, más o menos donde está el castillo de Montjuïc.

—Esa pregunta no se la voy a contestar a usted, sería meterme en problemas. Más vale que se quede con lo que le he dicho, será mejor para todos.

Se da Miguel por aludido y desiste en ese sentido.

Muchas incógnitas se han despejado esta mañana, pero aún queda una, la definitiva:

—¿Se acuerda usted dónde lo enterró? ¿Podríamos ir?

—Sí. Si paga usted el taxi.

—Hecho. —Uno y cien taxis le hubiera pagado Miguel, tanta era su gratitud—. ¿Quedamos mañana en la puerta de la librería?

—Quedemos.

—A las diez, ¿le parece bien?

—A las nueve, si no le importa. Quiero estar aquí antes de las doce, es como un ritual. Dele recuerdos a su tío de mi parte, tengo el vicio de apreciar a la buena gente.

—En eso coincidimos.

Se despiden con un apretón de manos.

Regresa Miguel al piso, ha quedado con su prima para dar una vuelta por el barrio.

Capítulo 31

EN LA CUNETA

Son las ocho y media del sábado treinta de agosto de 1956 y Miguel, hecho un manojo de nervios, espera a *en* Vicenç a la puerta de la Llibreria Arnau. Laia suele abrir a las diez, pero hoy ha hecho una excepción. Mujer detallista, lleva consigo un ramo de claveles rojos y esparragueras que ayer compró en la floristería del *carrer* dels Ases, cerca de casa. El detalle de la florista de vestir los claveles con hojas de esparraguera le encanta a Miguel porque Heriberto era un gran amante de las hierbas silvestres, será un homenaje inesperado a su padre. Recuerda el joven cuando el maestro, antes de ser su padre, lo llevaba por los aledaños de Los Junquillos a buscar espárragos para después, en la cena, preparar él mismo un revuelto con huevos de las gallinas del corral.

—¿Qué, usted no come?

—Yo me alimento viendo comer a Miguelito.

Aún es pronto, hay tiempo para hablar. Laia es de carácter empático, también curiosa, por eso le dice a su primo:

—Descríbeme a tu padre.

—No entiendo, lo conociste en la boda.

—Por dentro, quiero decir, dime cómo era.

Antes de contestar sonríe, le agradece su interés.

Tantas son las virtudes que reconoce en su padre y tan pocos los defectos que resume diciendo:

—Era un hombre bueno.

Llega el taxi.

En Vicenç saluda a Laia llevándose una mano al ala de su sempiterno panamá. Ya la conocía, es cliente asiduo de la librería de viejo.

—Iremos por un sitio que, aunque sea un poco más largo, le gustará más. Bueno, si no le importa pagar un taxi, un sábado, en una de las ciudades más caras de España.

Piensa Miguel que lo que está a punto de suceder y que venía buscando desde hace tiempo no tiene precio, por eso le dice:

—Confío en su criterio, hoy está usted invitado a todo.

Enfila el taxi hacia la Avenida de José Antonio Primo de Rivera[74] (una de las vías más importantes de Barcelona y más largas de España, con más de trece kilómetros de recorrido) en dirección a Badalona.

A su paso por la Plaza de España antes de coger la avenida, durante el tiempo que tardan en cruzar este espacio, observa cómo palpita la ciudad, la cantidad de gente, incluso de otras razas, y el numeroso tráfico de toda clase vehículos. A un lado, justo por donde tienen que pasar se ubica la plaza de toros de Las Arenas, construida a la manera tradicional andalusí con ladrillos de estilo almohade, arcos de herradura y decorada con elementos arabescos. La mezquita de Córdoba, la Alhambra de Granada y la Giralda de Sevilla, los tres monumentos coincidiendo en un mismo espacio en Barcelona.

---

74. Actualmente, Gran via de les Corts Catalanes.

—Aproveche para hacer turismo, si su Granada es bonita mi Barcelona no se queda a la zaga. Mire aquello.

Desvía la vista Miguel, ahora convertido en turista, hacia las Torres Venecianas, las que dieron acceso al recinto de la Exposición de 1929, dos torres gemelas situadas en la intersección de la avenida de la Reina María Cristina con la plaza de España, cuya denominación se debe a su similitud con el Campanile de San Marcos en Venecia.

Ya en la plaza de Tetuán, en el cruce de la ruta que siguen con el paseo de San Juan le llama la atención un peculiar monumento.

—Ese conjunto histórico está dedicado al doctor Bartomeu Robert —le explica *en* Vicenç que se ha percatado de su interés—, un personaje un tanto polémico que fue alcalde de Barcelona. Bueno para unos, malo para otros, como todos los alcaldes. Más adelante verá usted otra plaza quizá más interesante. ¿Le gusta el paseo que estamos dando?

—Me fascina, aunque espero que se acabe pronto.

—Comprendo. —Sonríe, empático—. Aún queda un rato para eso, ya ve cómo está el tráfico a estas horas, este pueblo es muy grande.

Sigue el taxista el rumbo marcado hasta llegar a una gran rotonda, a la derecha hay una extensión de zona ajardinada.

—A mi edad, prefiero los jardines a los monumentos políticos. Vengo aquí de vez en cuando, llega el tranvía. Y cuando me canso de caminar me doy un garbeo por el Mercat dels Encants, ahí detrás mismo. —Señalando el sitio con el dedo— . Es uno de los rastros más grandes de España. Antigüedades, muebles, libros, discos, material eléctrico, artículos de decoración, piezas de coleccionista, ropa de segunda mano... Lo que no encuentre aquí es que no existe. —Ríe su chiste—. Venga, ya falta poco, media hora y estamos allí.

Mucho tiempo le parece media hora a Miguel, toda una vida; así que opta por distraerse observando la ciudad a través de las ventanillas. Al mismo tiempo, toma nota del itinerario mentalmente por si se tercia visitar en otra ocasión la tumba de su padre. Si es que la encuentran. Aunque la seguridad que ha demostrado *en* Vicenç hasta ahora es garantía de éxito, y eso lo tranquiliza.

Ya saliendo de la ciudad, después de cruzar el puente del Besós, observa Miguel que el gesto hasta ahora relajado del viejo subalterno de la prisión de Montjuïc se contrae examinando el terreno con más minuciosidad, acercando su cara a la ventanilla hasta casi darse de bruces contra el cristal.

—Vaya un poco más lento, haga usted el favor —le dice al taxista.

Antes de llegar a San Adrián de Besós le ordena que pare.

Bajan los dos pasajeros y caminan unos cincuenta pasos por la cuneta de la derecha (*en* Vicenç, muy prudente, previamente había decidido que era mejor tener algo alejado al taxista).

—Es aquí. No ha cambiado tanto en dieciséis años —observa—, salvo la carretera, que ahora está remodelada. Esto puede que nos fastidie.

Siente un escalofrío Miguel al escuchar las últimas palabras. No es posible que después de haber llegado tan lejos vuelva a casa con las manos vacías.

—El viejo roble... —habla *en* Vicenç para sí mismo, en voz baja, le ayuda a recordar—, y a tres pasos de la carreta había un matorral de hinojos... Que es normal que ya no esté... Y allí cerca —señalando— es donde enterré a Heriberto. No muy hondo, pues esas cosas hay que hacerlas rápido. Cada vez que pasaba un coche me escondía detrás del matorral, y luego volvía a excavar. Venga, vamos. No se preocupe por el taxista, está lejos. Cuanto más tardemos, mejor para él, más cobrará.

Se sitúan delante del roble y caminan perpendiculares hasta la cuneta. Al cabo, se dan la vuelta y *en* Vicenç cuenta tres pasos.

—Uno..., dos... y tres.

Y con el pie marca una cruz en el lugar exacto.

—Aquí es. El terreno, supongo, está bastante alterado por las obras de la carretera, todo esto era una maraña de hinojos. Pero no creo que hayan llegado hasta el cadáver. Aquí debajo está su padre, aquí mismo. —Dando unas cuantas patadas en el suelo, con firmeza, en el centro de la cruz.

—¿Está usted seguro? ¿No se habrá equivocado?

—Completamente seguro, no me he equivocado ni un centímetro. ¿O es que duda usted de mi competencia?

—Perdone, tenía que hacerle la pregunta.

Se agacha Miguel sobre la tumba de su padre y coge un puñado de tierra. Y lo besa. Al cabo, empieza a limpiar el espacio de hierbajos y piedras, aproximadamente un metro cuadrado de superficie con la intención de depositar allí el ramo de claveles. Coge otro montoncillo de tierra y se lo lleva a los labios. Y le habla. Como quien habla al oído. «Te encontré, padre Heriberto, gracias por todo. Trataré a los niños con amor y respeto, como tú lo hacías».

Al quitar un pedrusco de medio tamaño le llama la atención un guijarro que estaba debajo, ahora al descubierto.

Es alargado.

Parece un trozo de caña.

Con sumo cuidado la coge y limpia con la uña de un pulgar la tierra que tiene apegada a su alrededor.

Lo observa con detenimiento y, sonriente, se lo muestra a *en* Vicenç.

—¿Es lo que yo pienso?

—Si piensa en una falange de un dedo de una mano, sí.

Con la navaja pastora escarba Miguel, con avidez, buscando más restos. *En* Vicenç a su lado, cuatro ojos ven más que dos.

—¡Mire eso de ahí! —exclama señalando, *en* Vicenç, que se ha agachado en cuclillas para observar de cerca—. Parece un anillo.

Recoge Miguel el hallazgo del suelo. Efectivamente, es un anillo. Podría haberse quedado confundido entre los chinarros de no haber sido por la percepción de su compañero. Por eso se lo muestra con una sonrisa ancha en los labios, que *en* Vicenç entiende que es de gratitud. Cree saber Miguel cuál es el descubrimiento. Pero necesita comprobarlo. Rasca, esta vez con la pastora, la tierra que tiene adherida hasta que aparece la señal que busca: las letras H con la S enroscada a ella como una serpiente, el sello de plata que don Heriberto Sánchez lucía en el dedo corazón de la mano izquierda. Esa es la prueba definitiva de que ahí está enterrado su padre, la inscripción de la tumba. El hecho lo emociona y busca el abrazo del hombre mayor para ahogar su llanto.

Al cabo, cuando el sollozo se apaga y cesan las convulsiones reemprende Miguel la búsqueda escarbando el suelo a punta de navaja.

Pero no, no hay nada más, y si lo hay está más hondo.

Se mete las reliquias en un bolsillo y abraza de nuevo al hombre que ha hecho posible el milagro.

El hombre también llora.

A las doce menos diez están los dos sentados en la terraza porticada del Café de les Set Portes tomando vermut rojo con un golpe de sifón y una rodajita de naranja, y una aceituna rellena al fondo, muy frío, al estilo catalán, brindando por don Heriberto Sánchez de la O, maestro nacional.

Mira indolente Miguel el paisaje urbano de la Via Laietana, desde la mesa.

Pero sus ojos no observan el trasiego de la ciudad porque está ensimismado pensando, entre otras cosas, en que estas Navidades, cuando vuelva a casa guardará la reliquia de su padre en el mejor lugar y se cerrará definitivamente el círculo.

También *en* Vicenç permanece callado, no quiere romper el recogimiento de su compañero.

Epílogo

Al salir del cementerio repentinamente el joven se para porque una idea le ha venido súbita a la mente. Mete la mano en el bolsillo y comprueba que lleva consigo el objeto que busca.

Y vuelve tras sus pasos.

Pero antes de abrir de nuevo el portón se desvía del camino para coger un ramillete de hinojo, la planta preferida del maestro, la que ocultó durante un tiempo su tumba de la vista de los transeúntes en la carretera que une Barcelona con San Adrián de Besós. «Será un gran detalle», piensa.

Regresa a la tumba del abuelo.

Vuelve a escarbar en el mismo sitio en que hurgó hace un rato, con cuidado, como acariciando la tierra removida, hasta encontrar el hatillo de hule, que saca de nuevo para ahondar un poco más. Solo tres dedos, con eso será suficiente, cree.

Deja el legón en el suelo para tener las manos libres.

Saca del bolsillo un pequeño cuaderno escrito con trazos infantiles.

Echa un último vistazo a las páginas amarillentas y sonríe al ver unos tachones de tinta y las florecillas que en su día pintó con lápices de colores. Especialmente un borrón que intentó adornar perfilando el contorno de una mariposa.

Y lee la última página:

Guadix, 21 de junio de 1948.

Querido diario, a ti te cuento, a ti que siempre me has escuchado:

Tú fuiste mi confidente. Te confesé mis miedos, mis alegrías y mis secretos.

Y ahora te cuento que te dejo, que me voy de ti como se fueron de mi vida el abuelo, la Jenarita y el Zequielillo. Porque sin ellos y sin Los Junquillos nada es lo mismo.

Dos besos pondré en tus tapas después de cerrarte.

Y si te abro no será para escribir sino para leer mis historias al cabo de muchos años.

Adiós, amigo, gracias por escucharme todo este tiempo.

Miguel Checa Arnau.

Acto seguido, después de darle un beso a cada tapa de cartón, como hizo cuando era un niño que despertaba a la vida, deposita el cuadernillo en el fondo del hoyo, debajo del envoltorio que contiene la reliquia.

Lo cubre y vuelve a allanar el terreno con el reverso del legón para disimular la maniobra.

Y justo encima, deposita el ramillete de hinojo y se aleja unos pasos para contemplar el efecto desde otra perspectiva.

—Adiós, maestro —murmura, después de mirar el sello de plata que lleva engarzado en el dedo meñique de la mano izquierda.

Relajado, satisfecho, sale Miguel del cementerio y toma la veredilla que baja hasta el pueblo, disfrutando de la mañana, con el pensamiento puesto en su padre. Sin prisas, aún queda tiempo hasta que llegue el Expreso que lo llevará a Guadix, donde su madre lo espera.

Y de allí a Barcelona, de nuevo el Catalán, para seguir construyendo su vida con un referente claro.

Las Cuevas del Ciego,
balnearios de Alicún y Graena (Granada),
La Font de la Figuera (Valencia).
Verano del 2023.

Agradezco a la asociación cultural **ACAG** el material facilitado, y aplaudo y admiro su empeño en lograr que Gor sea un lugar más habitable, más inquieto, más vivo, más feliz, un pueblo que camina y ya nadie podrá parar.

Índice

Este libro se terminó de editar en Granada
en agosto de 2024 por

Aliarediciones

www.aliarediciones.es

info@aliarediciones.es